beck**'**sche reihe

W0049199

b^{sr}

Wir sind tagtäglich von moralischen Scheusalen umgeben, die uns täuschen, manipulieren und seelisch untergraben wollen. Aber wie erkennt man sie? Wie umgeht man ihre Fallen und Intrigen? Alberto Eiguer zeigt uns in seiner «kleinen Galerie» sieben Typen moralisch perverser Zeitgenossen: die Mythomanen, die sich eine falsche Lebensgeschichte zurechtzimmern; Männer und Frauen von Welt, Dandys und Snobs, die ganz in ihrer Fassade aufgehen; Narzißten, die ihr Selbstwertgefühl auf Kosten anderer steigern; rücksichtslose Zyniker, ewig leidende Masochisten, gewalttätige Psychopathen und schließlich Spieler, die immer wieder das Schicksal herausfordern.

Alberto Eiguer, Psychiater und Psychoanalytiker, ist Professor an der Medizinischen Fakultät der Universität Paris VI. Vor allem mit seinen Büchern zur Paar- und Familientherapie ist er weit über Frankreich hinaus einem größeren Publikum bekannt geworden. In deutscher Sprache erschien «Das Paar und die Liebe» (1991).

Alberto Eiguer

Ganz gewöhnliche Scheusale und wie man sie erkennt

Kleine Galerie moralischer Perversionen

Aus dem Französischen von Grete Osterwald

Verlag C. H. Beck

Titel der französischen Originalausgabe:
Petit traité des perversions morales
© Bayard Éditions, 1997

Die Deutsche Bibliothek – CIP-Einheitsaufnahme

Alberto Eiguer:
Ganz gewöhnliche Scheusale und wie man sie
erkennt: kleine Galerie moralischer Perversionen /
Alberto Eiguer. Aus dem Französischen von
Grete Osterwald – Orig.-Ausg. – München :
Beck, 2002
    (Beck'sche Reihe ; 1454)
    ISBN 3 406 475949

Originalausgabe

© Verlag C.H.Beck oHG, München 2002
Gesamtherstellung: Druckerei C.H.Beck, Nördlingen
Umschlagabbildung: René Magritte, «Reproduktion untersagt», 1937
Museum Boijmans van Beuningen, Rotterdam. © VG Bild-Kunst, Bonn
Umschlagentwurf: +malsy, Bremen
Printed in Germany
ISBN 3 406 475949

www.beck.de

Inhalt

Einleitung

Jeder kennt sie, aus dem Privatleben oder vom Arbeitsplatz, die etwas «verqueren» Typen, skrupellose, berechnende, durchtriebene, manipulierende oder einfach schräge Gestalten. Auch in der Geschichte gibt es Beispiele genug von Mächtigen und Herrschern, die ihre Pflicht versäumen, ihre Vorrechte mißbrauchen, die um jeden Preis ihre Ziele erreichen wollen, ohne Rücksicht auf andere, ungeachtet der Gemeinschaftsregeln oder des Gemeinwohls. Die Presse macht lautes Geschrei um den Zynismus dieses oder jenes Politikers. Von allen Seiten hört man Klagen über den heutigen «Verfall der Werte», die ausufernde Korruption, das Fehlen von Normen – eine «Krise», die Ethikausschüsse und Kommissionen zur Verhaltensregulierung auf den Plan ruft. Manchmal wird sogar eine umfassende «Aktion saubere Hände» nach italienischem Vorbild verlangt, um den öffentlichen Dienst zu reinigen.

Mit bloßer Ablehnung oder empörter Mißbilligung ist es jedoch nicht getan. Gewiß, niemand läßt sich gern mißbrauchen, übervorteilen, manipulieren. Aber besteht das beste Mittel, sich zu schützen, nicht im Verstehen, ehe man ein Urteil fällt? Der Klügere sitzt immer am längeren Hebel. Man ist nie verletzbarer, als wenn man aus Abscheu, mit impulsiver Heftigkeit reagiert, ohne die Dinge zu analysieren.

Es scheint mir daher dringend erforderlich, das Profil dieser mehr oder weniger gewöhnlichen «Scheusale» zu kennen. Der Fachmann verfügt dabei über einige Erfahrung: Er hat ständig mit ihnen zu tun und versucht, sie zu behandeln, manchmal mit Erfolg. So kann er umgekehrt auch helfen, sie im Alltagsleben leichter zu erkennen, um sich auf sie einzustellen und ihrem Verhalten zu begegnen. In dieser Absicht soll das vorliegende Buch Phantombilder von denen liefern, die man aufgrund ihres Charakters oder ihres Verhaltens als moralisch pervers bezeichnen kann.

Exhibitionismus, Voyeurismus, Fetischismus, Zoophilie – diese und andere Begriffe werden im allgemeinen mit dem Wort Perversion verbunden. Der sexuell Perverse verschafft sich seinen Lust-gewinn auf anderen als den üblichen Wegen: Dabei kann es sich um abweichende Zielsetzungen handeln, wie beim Sadisten, der mit aggressiven Mitteln bei seinem Partner Schmerz auslöst, oder beim Voyeur, der sich damit begnügt, heimlich die Nacktheit oder die Liebesspiele des anderen zu beobachten. Die Abweichung kann aber auch in einer ungewöhnlichen Wahl des Sexualobjekts bestehen – ohne menschliches Objekt (Fetischismus, Zoophilie), mit menschlichem Objekt (Pädophilie, Inzest) oder beides (Trans-vestismus).

Im Unterschied zu den sexuell Perversen, bei denen sich die Abweichung auf die Sexualsphäre beschränkt, sind die moralisch Perversen in verschiedenen Bereichen ihres psychischen Lebens gestört, von den zwischenmenschlichen Beziehungen bis hin zu ihrem affektiven oder gar intellektuellen Leben. Sie zeichnen sich aus durch ihre Bösartigkeit, ihre fehlende Moral, ihre kontakt-freudige Art – die ihnen die Manipulation oder gar Unterwerfung der anderen ermöglicht –, durch die Neigung und Geschicklich-keit, ihre Absichten zu verbergen, das Geheimnis zu wahren. Aber so kühl und berechnend sie oft wirken mögen, stehen sie doch unter großem Druck und geben sich Exzessen hin, um sich von ihren Qualen zu befreien. Infolgedessen verschafft ihnen das Ausagieren eine innige Befriedigung und manchmal ein über-spanntes, jubilierendes Triumphgefühl.

Welches sind die wichtigsten Typen perverser Charaktere,[1] in welche Gruppen lassen sie sich einteilen? Es gibt Mythomanen, Hochstapler, Betrüger, narzißtisch Perverse und andere, weniger finstere wie Kleptomanen, Pyromanen oder pathologische Spieler. Hinzu kommen einige sexuelle Perversionen, die das Benehmen einer Person mehr oder weniger durchgehend prägen – Begleit-erscheinungen des Sadismus, des Masochismus, des Voyeurismus, des sexuellen Exhibitionismus, des Frotteurismus usw. Aber in den meisten Fällen haben wir es mit Störungen außerhalb der eher seltenen, wenn auch nicht außergewöhnlichen sexuellen Perver-sion zu tun.[2]

Ein besonderes Merkmal der moralisch Perversen besteht in ihrer Fähigkeit, zu argumentieren, immer einen guten Grund zu finden, um ihre Schandtaten zu rechtfertigen. Wenn der Spieler Haus und Hof riskiert, so nur, weil er seinen «Schuldenberg zurückbezahlen» möchte. Und wenn der narzißtisch Perverse den anderen benutzt, tut er es nur, weil dieser «noch so viel von ihm zu lernen» hat. Die Verteidigung besteht in Rationalisierungen, in der Selbstrechtfertigung, der Angriff in dem Versuch, zu überzeugen, andere für sich einzunehmen.

In den sozialen Beziehungen des charakterlich Perversen spielen Herrschaft und Einflußnahme eine wesentliche Rolle. Er geht geschickt vor, um den Partner nach und nach zu unterwerfen. Mit haßerfülltem Willen versucht er auszulöschen, was an dem anderen einzigartig ist. Jede Form, jede Variante der moralischen Perversion entspricht bestimmten Gelüsten: Der Betrüger hat es darauf abgesehen, den anderen um sein Vermögen zu erleichtern; der moralische Sadist richtet sein Handeln auf die Grausamkeit, der moralische Masochist auf die Unterwerfung; der Voyeur will beschämen, und der Exhibitionist will den Skandal, während der narzißtisch Perverse sein Bedürfnis nach Selbstbestätigung befriedigt, indem er die Eigenliebe des anderen entwertet.[3] Intime Beziehungen zu einem Perversen zu knüpfen und sich an ihn zu binden, ist also vergebene Liebesmüh. Man geht nie unbeschadet daraus hervor. Das eigene Lächeln gefriert, man wird bitter, man fühlt sich geschwächt. Aber so leicht kommt man gar nicht an dem Problem vorbei: Die moralische Perversion entwickelt sich oft innerhalb der Beziehung, und das Opfer kann auch Komplize sein. Es kommt dabei auf seine Kosten – eine Zeitlang jedenfalls.

Machen wir uns also auf den Weg. Die Vorstellung meiner kleinen «Galerie der Scheusale» beginnt. In dieser Schau sind gewiß nicht alle Exemplare vertreten. Es sei dem Leser überlassen, die angebotenen Interpretationen auf andere moralische Perversionen anzuwenden, die ihm im Leben begegnen. Und sich zu fragen, ob er selbst nicht auch etwas von einem kleinen Scheusal an sich hat...

1. Der Mythomane

oder

Wie man sich eine Persönlichkeit zulegt

Was ist eine Mythomanie? Allgemein gesagt ist es eine Art Täuschung seiner selbst und der anderen, um sich Geltung oder einen materiellen Vorteil zu verschaffen, der beispielsweise darin besteht, jemandem Geld aus der Tasche zu locken oder bei ihm Unterschlupf zu finden. Der Mythomane legt sich eine aufwertende, von anderen entlehnte oder durch Lektüren angeregte Persönlichkeit zu. Und er vertritt diese Fiktion so entschieden, daß er überzeugend wirkt.

Ganz anders – nicht zu verwechseln! – der zwanghafte Lügner, der wider Willen lügt, dem die Lüge gewissermaßen aus dem Herzen spricht, ohne daß er es kontrollieren kann: Er fühlt sich in der Regel schuldig. Der Mythomane hingegen lügt aus Berechnung und in böser Absicht.

Es gibt Lügen und Lügen

Der Mythomane legt ein Verhalten an den Tag, das mit anderen Störungen wie Neurosen, Perversionen, Psychosen, ja sogar geistigen Behinderungen einhergeht, das aber auch bei Alkoholikern und Rauschgiftsüchtigen zu beobachten ist. Jugendliche Drogenabhängige verstricken ihre Eltern in die tollsten Geschichten – Erpressung mit Selbstmorddrohungen, unhaltbare Versprechungen und ähnliches mehr –, um das nötige Geld für den Kauf ihrer Drogen zu bekommen.

Die Motivation des Mythomanen hängt mit seiner psychischen Struktur zusammen. Wenn er den Eindruck hat, daß die anderen sich nicht für ihn interessieren oder daß ein Partner auf seine Bemühungen zu gleichgültig reagiert, ist sein Ziel die Verführung. In diesem speziellen Fall haben wir es mit einem Neurotiker zu tun, der hysterische Neigungen aufweist. Die Dimension der «Kastration» spielt hier eine vorrangige Rolle. Je nachdem, ob die betreffende Person ein Mann oder eine Frau ist, hat sie das Gefühl, sich nicht mit dem Vater oder der Mutter messen zu können. Die Lüge erlaubt ihr, den Anschein der Überlegenheit gegenüber dem gleichgeschlechtlichen Elternteil zu erwecken.

Dem Perversen dagegen ist es eine große Lust, den anderen zu täuschen. Das stärkt sein Allmachtsgefühl: Er erkennt den anderen nicht in seinem eigenen Wert, in seiner persönlichen Empfindsamkeit an, sondern versucht vielmehr, Macht oder Einfluß auf ihn auszuüben, um ihn zu zerstören. Er weiß, daß Vertrauen entwaffnet, daß Glaube ein Liebesbeweis ist. Die Zustimmung, die er hervorruft, dient ihm lediglich als Köder, als Mittel der Verführung. Es bereitet ihm auch ein heimliches Vergnügen, seine Schwindelei von sich aus aufzudecken, um zu sehen, wie lächerlich, unglücklich und mißbraucht sich sein Gegenüber angesichts dieser Enthüllung fühlt.

Die zwischenmenschlichen Beziehungen beruhen auf Ernsthaftigkeit: Wir sind darauf angewiesen, dem anderen zu glauben, und können nicht ständig auf der Hut sein. Entsprechend tief sitzt die Enttäuschung, wenn der Mythomane seine Maske fallenläßt. Eine Patientin gestand mir nach mehreren Jahren Therapie, daß sie nicht arbeiten ging, obwohl sie mir ihre angebliche Stellung genauestens beschrieben hatte. In Wirklichkeit hatte sie mir die therapeutischen Sitzungen mit Geld aus einem Drogengeschäft bezahlt. Das Gefühl, indirekt daran beteiligt und gewissermaßen Komplize gewesen zu sein, war für mich sehr unangenehm. Später sagte sie mir, sie habe die Behandlung nur begonnen, um für den Fall, daß sie beim Drogenhandel erwischt würde, ein Alibi zu bekommen. Sie glaubte offenbar, ich würde mich für sie verbürgen.

Was den Paranoiker betrifft, so lügt er bei Gelegenheit: Er genießt es, anderen einen Schrecken einzujagen. Die Angst vor Übergriffen auf die eigene Person verkehrt sich in Angriffe. Er gibt sich als Polizeibeamter oder als Finanzinspektor aus, eine Person, die aufgrund ihrer sozialen Stellung bei anderen die Befürchtung weckt, sie hätten gegen das Gesetz verstoßen. Jugendliche Mythomanen können eine organisierte Psychose entwickeln: Einen «Vorstellungswahn», wie Ernest Dupré ihn genannt hat, der von falschen Erinnerungen zehrt und eine ausgeprägte Neigung zu einem phantastischen und wundersamen Weltbild erkennen läßt.

Um zu überzeugen, müssen die Mythomanen allen Ernstes an die selbsterfundenen Geschichten und Personen glauben. Auch wenn dies anfangs nicht so ist, fallen sie am Ende auf ihr eigenes Spiel herein. Eine andere Funktionsweise kann in der Abspaltung bestehen: Sie leben mit der Lüge, ohne unbedingt daran zu glauben, aber in ihrem Innersten kommen die verschiedenen Aspekte ihrer selbst sehr harmonisch miteinander aus.

Der Mythomane schlüpft in eine andere Persönlichkeit, weil ihn das, was er ist, nicht wirklich befriedigt. Er möchte sich seinem Ideal-Ich nähern, indem er sich eine bessere Persönlichkeit mit höherem Prestige zulegt und sich etwa als Abenteurer, Geschäftsmann, Kriegsheld oder Aristokratensohn ausgibt. Man kann sich fragen, ob unsere Gesellschaft, die Leistung, Wettbewerb und «Erfolg» zum Maßstab aller Dinge macht, nicht manche Leute treibt, sich eine Ersatzpersönlichkeit zu schaffen. Die Mythomanen wollen gewissermaßen im Alleingang mit einem Satz über alle Hürden hinweg an das Ziel gelangen, das ihr Ideal-Ich ihnen setzt.

Meistens sind sie sehr intelligent, aber das kann ihre Fähigkeit nicht hinreichend erklären: Sie haben auch ein unglaubliches Talent, andere zu imitieren. Eine Studentin, die bei mir in Behandlung war, besaß diese Gabe. Vor der Vorlesung hörte sie einen Kommilitonen über ein Thema reden, von dem sie keine Ahnung hatte, und während der Vorlesung trat sie dem Professor gegenüber auf, als beherrsche sie den Stoff. Dieser Nachahmungstrieb offenbart eine unzulängliche Identität. Die frühen Identifizierungen, meistens mit dem gleichgeschlechtlichen Elternteil, haben keine Wurzeln schlagen können.

An den Ursprüngen der Schwindelei

Die Ursprünge liegen sicher in der Kindheit oder in der Jugend. Allerdings müssen wir sorgfältig unterscheiden zwischen der einfachen Lüge, die anekdotischen Charakter hat, der wenig strukturierten kindlichen Täuschung und der stärker konstruierten Mythomanie. Eine noch andere Kategorie sind die sogenannten Not- oder Schutzlügen, die gebraucht werden, um einer Gefahr zu entrinnen. Und vergessen wir nicht, daß die erste Lüge des kleinen Kindes Ausdruck seines Strebens nach Unabhängigkeit von der Macht der Eltern ist.

Auch bei der multiplen Persönlichkeit kann von Mythomanie im eigentlichen Sinne nicht die Rede sein. Hier handelt es sich vor allem um Träumerei, und die ursprüngliche Absicht besteht keineswegs darin, andere zu täuschen. Die mit eigenem Willen begabten wechselnden Identitäten treten unter Hypnose oder angesichts unerträglicher Situationen in Erscheinung. Dann werden sie auf dem Wege der Dissoziation vergessen. In der Folgezeit, so wird berichtet, führen die verborgenen Persönlichkeiten und Zeugen traumatischer Erlebnisse jedoch ein turbulentes Eigenleben und sorgen für so heftige Unruhe (veränderte Bewußtseinszustände, Halluzinationen) und Gewaltausbrüche (Fluchten, Aggressionen), daß sich manche der Betroffenen zum Selbstmord getrieben fühlen. Zwei andere Elemente sind regelmäßig mit im Spiel: eine starke Fähigkeit zur Suggestion und das Fehlen ausgleichender Erwachsener in der Kindheit, die durch ein beruhigendes emotionales Klima zur Bewältigung der zugefügten Mißhandlungen hätten beitragen können.

Die wirklichen Mythomanen haben oft traumatische Erfahrungen und Gewalt (Inzest, verschiedenartige Mißhandlungen), affektive oder soziale Mängel (Verlassenheit, Isolierung, Elend) erlebt. Das könnte eine Erklärung für das bei ihnen vorherrschende Gefühl der allgemeinen Täuschung sein, das in ihren Augen die Überschreitung der moralischen Grenzen rechtfertigt.

In diesem Zusammenhang drängt sich unvermeidlich die heute viel diskutierte Frage der Kindesmißhandlung auf. Lange Zeit hat die Justiz vor allem auf die Eltern gehört, die abstritten, was ihre Kinder ihnen vorwarfen. Inzwischen messen die Richter den Aussagen der Kinder eine andere Bedeutung bei. Die Verteidigung der Rechte des Kindes kann jedoch ihrerseits zu Darstellungen führen, die nur mit Vorsicht zu genießen sind.

Besonders in den USA haben zahlreiche Personen vor Gericht behauptet, sie seien in der Kindheit von Erwachsenen mißhandelt worden, hätten diese Episoden jedoch verdrängt und sich eine neue Identität zugelegt, um das Familienleben zu ertragen. Erst im Erwachsenenalter sei die Erinnerung im Zuge einer Behandlung, manchmal unter Hypnose, wiederhergestellt worden. Angesichts der Verbreitung solcher Situationen ist nicht auszuschließen, daß es sich in manchen Fällen um reine Lügenmärchen handelt.[1]

Einige auffällige Elemente sprechen für diese Hypothese. Viele der besagten Personen erzählen, ihre Eltern hätten sie zur Teilnahme an schwarzen Messen gezwungen, bei denen es zu sexuellem Mißbrauch gekommen sei. Hier könnte eine Modeerscheinung vorliegen. Bemerkenswert ist ferner das Auftreten von Blutergüssen und anderen Verletzungen am Körper der Erwachsenen, durch die eine abgespaltene, verborgene Persönlichkeit das Individuum auf Aggressionen hinweisen soll, die ihm in der Kindheit widerfahren seien. Auch dieses Phänomen erinnert an ein relativ neues Krankheitsbild: Das Münchhausen-Syndrom – eine Verbindung von Mythomanie und Selbstverstümmelung. Es kommt vor, daß sich die Täuschung ganz auf die physische Gesundheit konzentriert. Das Subjekt erfindet sich Krankheiten und spielt diese so überzeugend, daß die Ärzte sich sogar zu chirurgischen Operationen bereit finden. Bei dem von Ferjol beschriebenen Asthenie-Syndrom fügen sich manche jugendlichen Patienten heimlich Blutungen zu, die sie – zur großen Verblüffung der Ärzte – anämisch machen. Man spricht auch schon von einem stellvertretenden Münchhausen-Syndrom: Manche Mütter lassen sich wegen künstlicher Symptome an ihrem Kind beraten.

Wie soll man unter diesen Umständen eine Mythomanie bei einem Kind erkennen? Es erfindet eine grandiose, seltsame Geschichte, die voller Widersprüche ist, und überschätzt seine eigene Beteiligung an den Dingen, von denen es erzählt. Wenn man genauer nachfragt, entzieht es sich.

Eine Vierzehnjährige, die eines Tages als Patientin zu mir kam, erzählte mir von Außerirdischen, die sie besuchten, wenn sie allein zu Hause war. Diese fremden Wesen – angeregt von einem Comic, wie ich bald herausfand – brachten Nachrichten aus einer anderen Welt: Es war eine reich ausgeschmückte Konstruktion. Ich dachte, es handele sich vielleicht um eine Mythomanie, die wahnhafte Züge anzunehmen drohte, denn das Mädchen zeigte keine Spur von Beunruhigung oder Angst. Später sagte sie mir, die Außerirdischen kämen nun nicht mehr, sie hätten ihr das mitgeteilt ... In Wirklichkeit litt sie unter dem Tod ihres Vaters, und dies um so mehr, als sie sich weder mit ihrer Schwester noch mit ihrer Mutter verstand. Die ganze Konstruktion hatte ihr erlaubt, mit diesem Vater, der «im Himmel» war und für den sie grenzenlose Bewunderung empfand, in Verbindung zu bleiben.

Wer kennt nicht den berühmten Fall der Anastasia, die sich als jüngste Tochter von Zar Nikolaus II. ausgegeben hat, aber zweifellos nur eine der vielen Hofdamen gewesen war? Auch im Bereich der künstlerischen Schöpfung ist die Mythomanie eine häufige Erscheinung. Angefangen bei den Fälschern in der Malerei, denen es gelingt, die Werke großer Meister perfekt zu imitieren, bis hin zu den Schriftstellern, denen die Mythomanie ebenfalls geläufig ist. Denken wir nur an Romain Gary, der gegen Ende seines Lebens mit Émile Ajar zeichnete, oder an Fernando Pessoa, der sich gleich mehrere Persönlichkeiten zulegte und unter verschiedenen Namen veröffentlicht hat. Eine amerikanische Journalistin, die Pulitzer-Preisträgerin Janet Cooke, wurde aufgrund ihrer Reportage über einen drogensüchtigen Jugendlichen von der *Washington Post* engagiert. Später gab sie zu, daß dieser Junge gar nicht existierte, daß sie sich von ihr zugetragenen Berichten hatte inspirieren lassen. In Wirklichkeit waren auch ihre Diplome erschwindelt. Sie hatte alles erfunden, um die Stelle zu bekommen.

Ein amüsantes Beispiel von Schwindelei liefert der Violinist Fritz Kreisler. Auf der Suche nach Material für seine Konzerte komponierte er eigene Partituren, die er wenig bekannten Komponisten der Vergangenheit zuschrieb, indem er vorgab, er selbst sei lediglich für die Edition verantwortlich und habe die Stücke nur etwas arrangiert. «Wenn diese Werke öffentlich gespielt wurden, mußte sein Name in den Programmheften erwähnt werden. Er gab sich nicht einmal die Mühe, den Stil der Komponisten nachzuahmen, deren Namen er verwendete […], und näher nach diesen Stücken befragt, wechselte er das Thema oder erklärte, er habe die Handschriften in Bibliotheken gefunden.» Der Schwindel wurde nie aufgedeckt. Als Kreisler ihn im Alter von sechzig Jahren selbst enthüllte, sagte er, «er habe es getan, weil er sich nicht ganz sicher gewesen sei, worauf er im Leben hinauswollte. Vorher hatte er sein Glück in der Medizin, in der Malerei und beim Militär versucht. Er wollte nicht, daß man ihn als Komponisten erkannte und hielt es für außerordentlich arrogant, als solcher auf einem Programm zu stehen. Vielleicht hatte er sein Talent nicht richtig begriffen. Hätte er es offen gezeigt, wäre er sich wie ein Hochstapler vorgekommen.» Gedeckt vom Namen eines Älteren, fühlte er sich wohler. Genau so funktioniert die klassische Hochstapelei. Oft sind «die Werke, die der unbegabte, aber von falschen Namen beflügelte Hochstapler am Anfang seiner Karriere produziert, besser als die, die er unter seiner eigenen Identität hätte produzieren können. Das war bei Kreisler nicht der Fall.»[2]

Manchmal wird ein Individuum, das glänzende Erfolge erzielt hat, von dem dringenden Wunsch verfolgt, in einem bestimmten anderen Berufszweig Berühmtheit zu erlangen. So verhielt es sich mit Jean-Jacques Rousseau, der schon als Jugendlicher für den Beruf des Musikers geschwärmt hatte und sich schließlich in einer Lage wiederfand, in der ein bekannter Mechanismus zum Tragen kam: die Angst des Mythomanen. «Die Furcht, die Unstimmigkeiten könnten ans Tageslicht gebracht und das Märchen aufgedeckt werden, versetzt ihn [den Mythomanen] in eine Angst, die ihn umso heftiger bedrückt, als sie unaussprechlich ist. Dann muß die Sache *ad absurdum* vorangetrieben, die Entlarvung bis zum letzten Augenblick hinausgezögert werden – denn wer weiß, vielleicht geschieht ein Wunder. Rousseau liefert in seinen *Bekenntnissen* ein verblüffendes Beispiel. Er erzählt, wie er, der nichts vom Komponieren verstand, dennoch eine Oper komponierte, indem er eine allgemein bekannte Melodie aufgriff, die gewissermaßen in der Luft lag. Er prahlte mit seiner Schöpfung, und da er nicht mehr zurückkonnte, ließ er sie in Genf vor der besten Gesellschaft aufführen. Bis zur letzten Minute hoffte er auf ein Wunder, aber es geschah nichts als eine extravagante Kakophonie. Desgleichen fabuliert der Mythomane *ad absurdum*, denn wenn er mit seinem Märchen fertig ist und es am liebsten wieder los wäre, glauben die anderen immer noch daran und verlangen Beweise. Hier bekommen wir mehrere Züge der Mythomanie zu fassen: Die extreme Plastizität, mit der das Märchen konstruiert wird, und die extreme, fast panische Rigidität, mit der seine Fortsetzung betrieben wird. Außerdem erlebt der Mythomane die Zeit ganz anders als seine Umgebung. Obwohl die Darstellung den lebendigen Teil des Märchens ausmacht, ist sie zugleich eine Aufführung, die den Protagonisten wie im Zeitraffer fasziniert. Nach der Aufführung ist das Märchen in die Welt gesetzt: Es lebt weiter, aber in einer anderen Zeit, der Zeit der anderen. Der Rhythmus ist nicht mehr der gleiche. Wie der Zauberkünstler hat der Mythomane seine Nummer beendet, aber die Zuschauer bleiben. Am Schluß steht der Zusammenbruch, die Bloßstellung des Schwindels durch den anderen.»[3]

Vom Mythos zur Realität

Das Scheitern des Mythomanen kann eine Situation schaffen, in der Mord die letzte Zuflucht bleibt. Erst dann begreift man, in welchem Maße ein ambivalentes, destruktives Gefühl gegenüber den anderen von der Person Besitz ergriffen hat. Um den anderen zum Narren zu halten, bedarf es einer gehörigen Portion Verachtung und somit unterschwelliger Gewalt – auch gegenüber sich selbst. Das verweist uns auf das Problem der Strafe. Freud spricht von einem «Strafbedürfnis» bei Verbrechern: Vielen gelingt es nicht, ihre Tat planmäßig auszuführen. Unbewußt hinterlassen sie Indizien.[4]

Eine geeignete Illustration liefert der bekannte Fall des «falschen Doktors» aus den Vogesen, der seine ganze Familie tötete, ehe er einen Selbstmordversuch unternahm. Er hatte seine Umgebung glauben gemacht, als gut verdienender Akademiker in der medizinischen Forschung tätig zu sein. In Wirklichkeit ließ er sich von einer Mätresse unterhalten und beschaffte sich größere Summen von seinen Eltern und Freunden, denen er versprach, das Geld an der Börse anzulegen oder es in die Schweiz zu bringen, wo angeblich sein Arbeitsplatz war – bis es für den ganzen Schwindel keinen Ausweg mehr gab. An diesem Punkt setzte bei dem Mann ein Strafbedürfnis ein. Beschämt, konnte er die Wahrheit nicht ertragen und fürchtete, seine Familie würde ihn, wenn sie ihn überlebte, nach seinem Tod verurteilen. Er hatte sich lange auf den Wunsch seiner Nächsten gestützt, das Geld geschickt anzulegen und die Grenzpolizei zu täuschen. Und was seine Eltern betrifft, so waren sie stolz, einen Sohn zu haben, der in internationalen Einrichtungen Karriere machte.

In einem bestimmten Moment bricht alles zusammen. Freud zufolge gibt es Personen, die ein schlecht ausgebildetes moralisches Bewußtsein durch das Bedürfnis nach Selbstbestrafung ersetzen. Daran zeigt sich eine fehlgelaufene Entwicklung bei der Ausbildung des Über-Ichs, jenes moralischen Empfindens, das uns sagt, was wir tun dürfen und was nicht. Der Veruntreuung schuldig, sucht der Mythomane im Grunde die Strafe des Gesetzes. Er benimmt sich ungeschickt, verstärkt den Exhibitionismus, verliert noch mehr von seinem ohnehin schwachen Realitätssinn. Unbewußt möchte er bestraft werden.

Hochstapler, die mit wechselnden Identitäten spielen, enden oft bei illegalen Handlungen, manchmal durch die Vortäuschung von Berufen, die selbst etwas Ungewisses haben: Handlungsreisende, Börsenmakler und Vertreter aller Art. Nicht selten finden sie sich wegen mehr oder weniger schwerer Delikte im Gefängnis wieder.

Was die Behandlung anbelangt, so fallen die meisten durch die Maschen des therapeutischen Systems: Entweder empfinden sie schlicht und einfach kein Bedürfnis nach Therapie, oder es ist schwierig, sie in der blühenden Phase ihrer Täuschungen angemessen zu behandeln. Im Augenblick des Zusammenbruchs jedoch kommt es vor, daß sie einen anderen Gesprächspartner suchen als diejenigen, die sie haben täuschen können. Dann kann die Analyse eine Möglichkeit sein, die größten Schwierigkeiten zu überwinden: das strenge Bedürfnis nach Strafe und die Selbstverachtung ... die sie in höchstem Maße fürchten!

Wie man dem Mythomanen hilft, sich aus der Affäre zu ziehen

Die Heldentaten, mit denen der Mythomane sich brüstet, stoßen früher oder später an die Grenzen der Wahrheit. Seine Erzählungen sind großartig, aber bei jeder Wiederholung fallen neue Widersprüche oder Ungereimtheiten auf. Sobald man ihn nach Einzelheiten fragt oder ihn mit Zeugen konfrontiert, ergreift er die Flucht. Allerdings versteht er es auch, Situationen umzukehren, die Glaubwürdigkeit oder das Vertrauen anderer, die ihn ernst nehmen, auszuspielen und mittels anderweitiger Täuschungen Beweise beizubringen.

Im allgemeinen verrät er sich durch Kleinigkeiten, eine Erinnerungslücke, ein Versehen. Sein schwacher Punkt ist die praktische Ausführung dessen, was er versprochen hat. Seine Ungeduld, seine Inkonsequenz, sein Bedürfnis nach sofortiger Befriedigung, seine etwas flüchtige und oberflächliche Art wirken dem Aufbau des Gebäudes entgegen, in dem er sich und die anderen einzuschließen sucht.

Das Problem ist, daß alle materiellen oder moralischen Befriedigungen, die der Mythomane gefunden haben mag, nichts zu ändern scheinen: Er lügt weiter, rühmt sich neuer Heldentaten ... Also was tun? Die beste Hilfe – wenn man überhaupt helfen will – besteht darin, ihm den Ausstieg zu erleichtern, denn am Ende seines Weges hätte er gerne eine Lösung – vorausgesetzt, sie ist auch elegant. Vermeiden wir es also, Detektiv zu spielen, ihn unnötig zu verfolgen: Das würde ihn in dem Gefühl bestärken, ungeliebt, nicht begehrenswert zu sein, und seinem Täuschungswillen neue Nahrung geben. Der Versuch, sich einer zugleich so schwachen und so stolzen Person zu nähern, verlangt ebensoviel Entschiedenheit wie Toleranz.

2. Das falsche Selbst

oder

Wie man am eigenen Leben vorbeilebt

Gibt es nicht Charaktere, die der Mythomanie nahekommen und doch ganz anders sind? Das ist besonders beim falschen Selbst der Fall, das heißt bei Persönlichkeiten, die man auch «aufgesetzte Persönlichkeiten» nennt – Menschen, die in ihrem Sozialverhalten eine Fassade zur Schau stellen und sehr wechselhaft, redselig, unecht sind. Wenn sie den Eindruck machen, anderen mit offenen Ohren zuzuhören, weil sie ihnen nicht widersprechen, ist das meistens nur eine Oberfläche. Und wenn sie Meinungen kundtun, folgen sie, um zu gefallen, den Vorstellungen der anderen oder greifen, um zu blenden, Themen auf, die gerade Mode sind.

Tatsächlich verbergen sich hinter diesem Lack verletzliche Wesen, die infolge einer traumatischen Kindheitserfahrung versuchen, ihr wahres Selbst um jeden Preis vor der Außenwelt zu schützen. Doch im Unterschied zu den Mythomanen kommt es für sie nicht in Frage, eine fiktive Persönlichkeit zu erfinden. Sie setzen sich lediglich eine konformistische Maske auf.

Zur Abgrenzung noch ein anderer Unterschied in der Diagnose: Bei der multiplen Persönlichkeit hängen die verschiedenen Facetten, die verschiedenen Identitäten nicht miteinander zusammen. Sie haben keine Gemeinsamkeit, sondern tauchen abwechselnd auf, um dann wieder zu verschwinden. Das falsche Selbst dagegen weiß nicht, welcher Abstand es von seinem authentischen Wesen trennt, kann dieses aber als Teil seiner selbst erkennen, sobald es ihm unter dem Einfluß einer Analyse bewußt wird. Zwei Arten der Störung also, die grundverschieden sind.

Der Druck der Umgebung

Allem Anschein nach liegt der Grund für die Entwicklung des falschen Selbst in einer gestörten Beziehung zur Mutter oder zu beiden Elternteilen. Die Mutter kann dazu neigen, den Wünschen ihres Kindes zuvorzukommen, indem sie es Zwängen unterwirft. Es kann auch sein, daß sie in seine persönliche Welt eindringt und es in seinem sozialen und beruflichen Werdegang so stark lenkt, daß die Pläne des Kindes schließlich nur ihren Erwartungen, aber keineswegs seinen eigenen Wünschen entsprechen.

Oft wirken diese Kinder geradezu «hypernormal»: Verständig und wenig anspruchsvoll, nehmen sie sehr früh erwachsene Verhaltensweisen an, und wenn sie sich um jüngere Brüder oder Schwestern kümmern sollen, setzen sie sich großzügig, wenn nicht gar übermäßig besorgt für die Kleinen ein. Zugleich verdecken sie ihre eigenen Ängste und Schwächen. Das falsche ‚Selbst ist schon als Kind die Freude der Erwachsenen – aber immer auf Kosten seines wahren Selbst, das Donald W. Winnicott zufolge den lebendigsten Kern des Subjekts darstellt.

Das falsche Selbst unterliegt den Wirkungen einer Art Familientyrannei, nicht selten mit einem deutlichen Geruch von Manipulation, denn das konventionelle Verhalten, das vom Kind ausgebildet wird, kann auch eine Antwort auf perverse Handlungsweisen eines Elternteils oder beider Eltern sein (Doppelmoral, Schwindelei, Gewalttätigkeit). Dem Kind wird gesagt, es solle die Augen zumachen, niemandem davon erzählen; man verbietet ihm sogar, daran zu denken. In Reaktion auf solche Erfahrungen schränkt es seine Neugierde ein, was eine Verzerrung seines Identitätsgefühls zur Folge hat und die Übernahme konventioneller Verhaltensweisen begründet.

Der Begriff des falschen Selbst erlaubt uns, manche klinischen Zustände genauer einzukreisen. Einige Autoren haben ihn daher zur Drehscheibe der Psychopathologie und der Behandlung gemacht. Für Massud Khan[1] beispielsweise besteht das höchste Ziel der Therapie in der Befähigung des Patienten, sich seinem authentischen Wesen zu nähern – jenem Selbst, das er in seinem Inneren erstickt hat, um den Eltern zu gefallen oder um ihre Ehre zu retten und ihrem Bedürfnis nach Wahrung eines äußeren Scheins zu entsprechen: fast schon eine Opferrolle.

So unterschiedlich die Ausgangssituationen sein mögen – ob überzogener Dirigismus oder perverses Verhalten der Eltern –, scheinen sie doch zum gleichen Ergebnis zu führen: Das Kind verbirgt sich einen Teil seiner selbst, erst in frühen, dann in späteren Jahren, bis ins Erwachsenenalter hinein.

Im Prinzip leiden die betroffenen Personen nicht unter ihrem falschen Selbst. Sie versuchen vielmehr, gute Laune zu verbreiten, das Leben der anderen aufzuheitern. Dennoch wäre es falsch, sie mit Komödianten oder Clowns zu vergleichen: Sie fühlen sich der Person, die sie darstellen, nicht wirklich verbunden, während sich der Schauspieler emotional mit der von ihm verkörperten Person identifiziert, die er zuerst verstehen und lieben lernen muß. Das falsche Selbst hingegen macht den Eindruck, «neben der Kappe» zu sein. Sein Realitätssinn ist eingeschränkt. Die rigide Spaltung zwischen dem wahren und dem falschen Selbst verursacht einen Riß im Ich, der ihm seinen Halt nimmt und es angreifbar macht – nicht nur, weil sich das Subjekt der Möglichkeiten seines wahren Selbst gar nicht bewußt ist, weil es seine tieferen Bestrebungen, deren Verwirklichung ihm Erfüllung bringen könnte, nicht kennt, sondern auch, weil seine tieferen Bestrebungen keine Verbindung zu seinem ganzen Wesen haben.

Muß man seine Seele «verkaufen», um Zuneigung zu gewinnen?

Das falsche Selbst gilt als eine den Grenzzuständen verwandte Struktur zwischen Neurose und Psychose, ist aber weniger schwerwiegend als die Psychose und eher der Neurose nahe, die auch das Verhältnis zur Welt im allgemeinen betrifft. Muß man seine Seele «verkaufen», um Zuneigung zu gewinnen?

Die Schwierigkeit, Personen mit einem falschen Selbst zu behandeln, wirft bestimmte Fragen auf. Es sind Patienten, denen es gut zu gehen scheint, die den Erwartungen des Analytikers entsprechen, indem sie sich weich und anpassungsfähig geben. Sie akzeptieren seine Deutungen, lassen sie auf sich wirken und fügen wie zur Bestätigung eigene Assoziationen hinzu. Doch in der Tiefe hat sich nichts geändert. Es findet kein wirklicher Lernprozeß statt.

Das Problem wird noch komplizierter, wenn der Analytiker, von anderen Patienten an Widerstände gegen die Bewußtwerdung gewöhnt, nun glaubt, der Patient sei in bester Verfassung, ja die Therapie möglicherweise sogar als beendet betrachtet und sich von ihm trennt. Solche Trugschlüsse ergeben sich leicht mit Patienten, die ich an anderer Stelle «Wort-Fixe» genannt habe –

ein Typus, der in Fachkreisen, wo er seine Auftritte hat, nur allzu bekannt ist.[2] Er greift Sätze auf, dreht und wendet sie mit spielerischer Leichtigkeit, nimmt sie auseinander und fügt sie neu zusammen, assoziiert Konsonanzen und Alliterationen, daß es eine helle Freude ist. Nur fehlen ihm die affektiven Schwingungen, die jede Bewußtwerdung begleiten. Vergißt man die Beziehungen zwischen dem Wesen des Menschen, das Ch. Bollas[3] eine «Repräsentation der Existenz» nannte, und seinen Worten, kann man diese Schwierigkeiten nicht erkennen.

Welche Rolle spielen Verweigerung, Uneinigkeit und Auflehnung bei der Identitätsbildung überhaupt in unser aller Leben? Verfällt man nicht um so leichter in das Anomale, wenn man sich zu eng an das Normale halten will? In welchem Maße hat ein noch nicht vollständig geformtes Kind – aber auch ein Erwachsener – es nötig, sich mit fremden Federn zu schmücken? Von welchem Punkt an ist eine Person nicht mehr sie selbst? Allgemeiner gesagt, wohnen nicht uns allen mehr oder weniger zwei Identitäten inne, die eher ein Reichtum als eine Fessel sind, da die Wirklichkeit verlangt, daß wir uns ihrer bedienen, um anpassungs- und leistungsfähiger zu sein?

Die Psychoanalytiker diskutieren dieses Thema schon seit fünfzig Jahren, nicht ohne erhebliche Auswirkungen auf ihre Praxis. Besonders für die Amerikaner besteht die Aufgabe des Analytikers nicht nur darin, Symptome zu beheben. Er trägt auch zur sozialen Anpassung des Patienten bei, selbst um den Preis, daß dieser seine Revolte unterdrücken oder seine Widersprüche glätten muß. Dahinter steht eine Ich-Theorie, die das Ich – zumindest potentiell – als konfliktfreie Sphäre begreift. Für die Mehrheit der europäischen Analytiker dagegen darf die Therapie keine Milieuanpassung oder gar Gleichschaltung des Patienten zum Ziel haben. Der innere Konflikt wird als unumgänglich und unüberwindlich anerkannt. Er gilt sogar als einer unserer Reichtümer, deren besserer Nutzung die Analyse dient. Demnach hätte jeder das Recht, seine Eigenart, seine «kleinen Verrücktheiten» zu lieben und zu verteidigen.

Wenn man der Anpassung den Vorrang gibt, geht manchmal das Wesentliche des Selbst verloren, der Nährboden für eine reichere Gestaltung des eigenen Lebens – sofern der Patient die unbewußten Mechanismen durchschaut.

Als Jacques das erste Mal zu mir kam, studierte er noch Naturwissenschaften. Die ganze Analyse war von finanziellen Problemen geprägt, die mit seiner beruflichen Unentschlossenheit zusammenhingen. Ständig quälte ihn der Gedanke, die Analyse unterbrechen zu müssen – und tatsächlich sagt er die Sitzungen schließlich aus Geldmangel ab, obwohl er sein Ingenieursdiplom zu diesem Zeitpunkt abgeschlossen hat.

Nach zwei Jahren kommt er wieder, um die Analyse fortzusetzen. An seinem Leben hat sich viel geändert. Er hat wieder geheiratet, diesmal eine Jugendfreundin, und er hat eine feste Stelle, die ihm erlaubt, seinen Lebensunterhalt zu bestreiten. Gewiß, eigentlich ist er überqualifiziert für diesen Job, aber das scheint ihm nichts auszumachen: Er hat zu sehr unter den ständigen Geldsorgen gelitten. Auf mich wirkt er fröhlicher, selbstsicherer als damals.

Sein Anliegen besteht in Beziehungsschwierigkeiten mit seiner Tochter aus erster Ehe, auf die er aber lange nicht zu sprechen kommt. Statt dessen verbringt er die Sitzungen damit, Erinnerungen wachzurufen, von denen in der ersten Phase der Analyse nie die Rede war. Als Kind war er musikalisch sehr begabt gewesen. Seine Großmutter hatte sein Talent aktiv gefördert. Aber seit einem Vorfall im Alter von neun Jahren hat er kein Klavier mehr angerührt: Es war sein erstes Konzert. Vor dem Publikum hatte er plötzlich alles vergessen, er wußte nicht mehr, wie das Stück ging, das er spielen sollte, und seine Hände hatten keine Bewegung gemacht.

In dem Maße, in dem Jacques seine Vergangenheit als kleiner Musikus an die Oberfläche holt, kehrt er ans Klavier zurück. Eines Tages kommt er mit entschlossener Miene zu mir in die Sitzung: Es ist geschafft – er hat seine so mühsam eroberte Stellung gekündigt! Er hat beschlossen, sein Leben der Musik zu widmen, auch wenn er nicht genau weiß, wie. Keine Stelle mehr, kein festes Einkommen, kein Anspruch auf Arbeitslosengeld – egal.

Ich war in Verlegenheit, hielt mich aber zurück und sagte nichts. Nicht aus Vorsicht oder Taktik, sondern weil ich vermeiden wollte, meine Beunruhigung über seine Zukunft durchscheinen zu lassen. Ich fühlte mich etwas schuldig: Vielleicht hatte die Analyse den jungen Mann um seinen Sinn für die ökonomischen

Realitäten gebracht. War ich nicht im Begriff, ihm den Weg in eine Obdachlosenkarriere zu erschließen?

Nach und nach wurde mir klar, wie wesentlich es für ihn war, wieder Kontakt zu seinem innersten Wesen aufzunehmen, um das zu verwirklichen, was seinem Gefühl am meisten entsprach, auch wenn er dafür Opfer bringen mußte. Vielleicht brauchte er das, um der Welt einen verborgenen Teil seines Wesens zu enthüllen und näher an seinem wahren Selbst zu bleiben. Glücklicherweise hat er es in wenigen Monaten geschafft, seine wiedergefundene Berufung in eine neue Lebensgrundlage zu verwandeln.

Die Identität und ihre Konturen

«Alles an mir war falsch. Meine ganze Jugend hindurch habe ich künstlich funktioniert. In mir stecken zwei Persönlichkeiten, eine Maske für die anderen und jemand, der weiß, was er will, für mich selbst. Der Sonnenschein, den ich verbreite, ist vorgetäuschtes Glück, reine Effekthascherei.» Jeder kennt solche Reden und hat diese Art Identitätskrise irgendwann erlebt. Beim falschen Selbst indes kommt eine solche Infragestellung mangels einer tiefen, angsterfüllten Krise äußerst selten vor. Aber die Unterschiede sind nicht immer leicht zu erkennen.

Ich erinnere mich an Stéphane, einen lustigen, dynamischen jungen Mann, der seine Therapiestunden damit ausfüllte, mir zu erklären, welche Meinung seine Freunde von ihm hatten. Was ich ihm sagte, schien er zu überhören, bis mir eines Tages auffiel, daß der Inhalt meiner Worte in Form von Kommentaren oder Ratschlägen, die andere ihm erteilten, wieder auftauchte. Aus meinen Bemerkungen versuchte er Hinweise darauf zu ziehen, was er zu tun habe. Sehr gesprächig, veränderte er sein Verhalten schnell und erweckte den Eindruck, als habe er Fortschritte gemacht. Aber konkret wiederholte er sich nur, fieberhaft und frenetisch. Er funktionierte, indem er sich den Absichten der anderen anpaßte. Wenn er einer Frau begegnete, sagte er nie: «sie gefällt mir», sondern immer: «sie gefällt». Zugleich folgte er dem mütterlichen Strafbedürfnis, indem er sich in Situationen manövrierte, die ihm Ablehnung oder Kritik einbrachten. Seine Verleumder bedienten sich der harten Worte seiner Mutter: «Feigling, Niete» und ähnliches mehr.

Allmählich festigte sich seine Persönlichkeit. Schüchtern vertraute er mir an, wenn er ständig Konzessionen mache, tue er das nur, um seinen «Frieden zu haben», um «atmen zu können». Lange nach Beginn der Therapie lieferte er mir schließlich folgende geistreiche Definition von sich: «Ich bin ein Genießer, der es genießt, alle Welt glauben zu machen, er sei eine Null.» Der Durchbruch zur Erkenntnis seines wahren Selbst war geschafft.

Im Leben dieses Patienten spielte die Erotik zwischen zwei Frauen eine besondere Rolle, die an die voyeuristische Neugierde des «Mannes von Welt» erinnert. Zur Erläuterung möchte ich den Fall genauer darstellen. Die Analyse nahm eine entscheidende Wende, als Stéphane im Anschluß an eine meiner Deutungen bemerkte, daß sein Gefühlsleben von Dubletten geprägt war. Ein Nachahmungsverhalten war mir schon aufgefallen, als er sich in die Freundin der Freundin seines Freundes Étienne verliebte (seiner Beschreibung nach ein unbekümmertes, etwas hektisches, aber sehr lebendiges junges Mädchen). In anderen Episoden seines sehr ausgefüllten erotischen Lebens hatte er zwei Freundinnen, mit denen er abwechselnd schlief, ohne daß es den beiden Frauen besondere Probleme machte. Manchmal ging er mit Mädchen aus, die sich stark an eine Frau oder an ihre Mutter gebunden fühlten. Anhand dieser Beispiele wird ihm langsam bewußt, daß er gern Situationen herstellt, in denen eine andere Frau seine Liebe teilt: Er mag es am liebsten, «vom selben Teller zu essen» – und am Ende fühlt er sich beraubt. Schließlich bricht eine bedeutungsträchtige Rekonstruktion seiner Geschichte das Muster auf. Er entdeckt, daß seine Mutter und seine Tante gleichzeitig schwanger waren. Da er aber einige Wochen später geboren wurde als sein Cousin, schließt er daraus, daß seine Mutter ihn empfangen haben muß, als sie von der Schwangerschaft ihrer Schwester erfuhr – wahrscheinlich, «um es ihr nachzumachen».

Es folgen weitere Assoziationen. Ließe sich so die Vorliebe seiner Mutter für seinen Cousin erklären? Und die Zärtlichkeit, die seine Tante ihm - wenn auch etwas verhaltener – entgegenbringt? Hat seine Mutter ihn aus demselben Grund so lange einer Amme anvertraut? Seine Empfängnis enthüllt einen unerwarteten Sinn.

Bis dahin schien Stéphane gezwungen, in einer Art Widerschein des Gleichen zu leben, sich männliche oder weibliche Doppelgänger zu schaffen. Oft nahmen seine Liebesbeziehungen ein jähes

Ende, bei dem er leer ausging: «Der Fisch war plötzlich alle», und ihm blieben «nur die Gräten». Zurückgewiesen, hatte er den Eindruck, ewig wie ein kleiner Junge behandelt zu werden. Seit ihm das bewußt geworden war, konnte er sein Recht auf Liebe und Achtung offenbar besser verteidigen. Die Entdeckung der «parallelen Urszenen», in denen die aktivere Rolle und das stärkere Begehren tatsächlich den beiden Frauen zukam, war vermutlich ausschlaggebend für seinen neuen Umgang mit der Sexualität. Selbst wenn er kein «Wunschkind» war, wie seine Mutter seit jeher verkündete, hatte sie doch wenigstens den Wunsch gehabt, sich den Wunsch der Tante anzueignen: Stéphane hatte ihr die Möglichkeit verschafft, sich erfüllt zu fühlen. Man ahnt, welcher Ernst sich hinter der Leichtigkeit des falschen Selbst und seiner Neigung zum äußeren Schein verbirgt.

Alles Roboter?

Personen mit einem falschen Selbst trifft man in jedem Milieu, am häufigsten aber unter Intellektuellen und Künstlern, die sich besonders gut darauf verstehen, die kulturellen Grundlagen, über die sie verfügen, zur Geltung zu bringen. Man muß sich jedoch fragen, ob unsere «Showgesellschaft», die auf Medienvermarktung, auf öffentliche Anerkennung und Einschaltquoten setzt, nicht diese Art der psychischen Abweichung begünstigt. So sieht es jedenfalls aus, wenn man nach der Bedeutung von Meinungsumfragen, Hitparaden oder Bestsellerlisten geht. Gilt nicht immer das als wahr, was die meisten denken?

Drei Situationen liefern eine gute Illustration dieser Problematik. Zuerst die Lage der Jugendlichen, die unter Eßstörungen leiden, meistens Anorexie oder Bulimie. Die Anfänge dieser Schwierigkeiten fallen mit einer Krise des Idealbildes zusammen: Ihre Intelligenz, die ihnen zuverlässige Leistungen in der Schule eingebracht hat, steht in Wirklichkeit im Dienst eines von der Familie vorgegebenen Erfolgsideals. Die Magersüchtige entdeckt ihre Grenzen in einer Konkurrenz zu anderen Jugendlichen, die sie schlecht erträgt. Sie kennt keine Halbheiten. Stolpern ist schon fast gestürzt, sich beugen ist zerbrechen, der Kompromiß eine Kompromittierung. Die Jugendliche scheint den Eltern vorzuwerfen, ihr das Gefühl der Unübertrefflichkeit eingeflüstert zu haben. Das zweite Beispiel ist die Situation der Fremdarbeiter, die auf die Eigenarten ihrer heimatlichen Kultur verzichten müssen oder glauben, darauf verzichten zu müssen, um sich den Sitten des Landes oder der Region anzupassen, die sie zu ihrer «Wahlheimat» gemacht haben. Der dritte Fall schließlich ist der «Mann von Welt», dem ich eine Untersuchung gewidmet habe.[4]

Der «Mann von Welt», der Dandy und der Snob – vom falschen Selbst zum Fetischismus

Der «Mann von Welt», der Dandy, der Snob, aber auch der Frivole und sogar der Star sind sich insoweit ähnlich, als sie eine spiegelbildliche Beziehung unterhalten: Die Augen der anderen reflektieren wie ein Spiegel, was sie am liebsten wären. Das Spiegelbild scheint sogar wichtiger als die Art, wie das Subjekt sich selbst einschätzt. Narziß erkennt sich im klaren Wasser einer Quelle, an der er seinen Durst stillen will. Die Selbstverliebtheit, die der spiegelbildlichen Betrachtung entspringt, zieht ihn bis zur Erschöpfung in ihren Bann. Um sein Bild nicht zu trüben, kann er sich nicht entschließen, von diesem Wasser zu trinken.

Der «Mann von Welt», eine schillernde Persönlichkeit, nimmt sehr genau wahr, was die anderen denken, tun und sagen. Er bewundert alles, was Rang und Namen hat; ein wenig wie der Fetischist fühlt er sich vom Wohlstand der besseren Gesellschaft – von Leuten, die unter keiner Kastration zu leiden scheinen – magnetisch angezogen. Er ist ein höflicher Mensch, der weiß, was anderen Freude macht, und bei jeder Gelegenheit das passende Geschenk mitbringt; seine Lebensart ist hochelaboriert, und im allgemeinen schätzt man seine Gesellschaft. Genaugenommen ist er zugleich Exhibitionist und Voyeur – er liebt es, sich überall zu zeigen, nimmt aber nur als heimlicher Beobachter am Geschehen teil. Darin äußert sich ein Kampf zwischen Existenzangst und einem unerträglichen Einsamkeitsgefühl. Bei alledem bewahren diese Männer eine uneingeschränkte Verehrung für ihre Mütter: «wunderbare», «verdienstvolle», «tüchtige» Frauen, die in ihren Reden über die unangenehme oder tragische Seite der Dinge hinwegtäuschen.

Das Individuum folgt dem Größenwahn der Mutter, erhebt ihn zum Gesetz, einer Art falschem Über-Ich, das dem Ideal-Ich der Mutter knechtisch unterworfen ist. Sucht der «Mann von Welt» den phallischen Glanz der Mutter? Das Subjekt überträgt seine Neigungen auf ein Objekt, bei dem es das Gefühl hat, straflos auszugehen – eine gewaltige Antriebskraft, den Penismangel bei der Mutter zu leugnen. Die mütterliche Verleugnung der psychischen Existenz des Kindes geht einher mit der Negation seiner Autonomie, die als Gefahr der Andersartigkeit empfunden wird, und der Negation seiner Jugend, die den Erwachsenen ihr eigenes Altwerden verheißt. Das Kind kann sich also sagen, daß es selbst der Phallus ist, und sich als einen Fetisch für die Mutter betrachten. Wenn es zweifelt, ist es auf Lebenszeit «verdammt».

Aus dieser Perspektive gleicht die Welt einem Heer unbeseelter Marionetten, die dem Phallus-Gott ein Schauspiel geben und zugleich seine Zuschauer sind. Unentwegt beobachtet der «Mann von Welt», ob die Welt ihn auch sieht. Er fetischisiert sie unter der Bedingung, daß sie ihn ihrerseits zum Fetisch macht. Wenn sie ihm aber den Rücken kehrt, schreit er auf vor Schmerz – die Maske fällt herunter und enthüllt die Leere.

Der Dandy kleidet sich erlesen, während der Snob wahllos die Manieren und den Geschmack der «feinen Leute» übernimmt. Von bescheidener Herkunft, schimmert manchmal ein schlichtes, wenn nicht gar vulgäres Benehmen durch. Kurz, die exhibitionistische, verächtliche und etwas schräge Seite ist beim Dandy ebenso vorhanden wie beim «Mann von Welt». Der Dilettant dagegen kann sich mit innerem Engagement für eine Kunst oder einen Beruf interessieren, deren Ausübung er nicht gelernt hat.

Die ältesten Studien über das Dandytum stammen von Literaten, Barbey d'Aurevilly und Baudelaire;[5] aber nicht selten sind die Schriftsteller angezogen vom Glanz, von der Magie des Worts, ja sogar vom Überfluß.

Die Kunst geht mit Formen um, von denen angenommen wird, daß die menschliche Psyche sie verinnerlicht, noch ehe das Kind sich seinen Vater und seine Mutter vorstellen kann. Vermutlich besitzt der Künstler ein besonderes Talent, das nicht jedem gegeben ist, diese vorgegebenen Formen – Linien, Flächen, Räume, aber auch Kontraste – selektiv und mit feinem Gespür in Sinneseindrücke zu verwandeln, die uns berühren. Indem wir, die Betrachter, sie aufnehmen, lassen sie unsere eigenen vergessenen Sinneserfahrungen aus der frühesten Kindheit in uns anklingen.

Der Dandy macht aus diesen Formmodellen einen Lebensstil – eine Verirrung oder Abweichung des gleichen Prinzips, das beim Künstler oder beim Schriftsteller zum Tragen kommt. Im übrigen bedienen sich die letzteren der Form, um ein Gefühl, einen Inhalt zu vermitteln. Anders der wenig empfindsame Dandy: Er fetischisiert die Form als solche.

Die sexuellen Fetischisten empfinden den Anblick, die Berührung oder den Geruch etwa von Kleidungsstücken, denen ein Merkmal des Sexualobjekts anhaftet, als auslösenden Reiz für ihr erotisches Verlangen. Ihr Fetisch mag ein Schuh, eine Halskette, ein Stück Wäsche sein, oder auch ein Körperteil, der weibliche Fuß, das Gesäß, das Haar. Sie bewundern bestimmte Gesten, die des Mannes, der einer Dame die Hand küßt, das Übereinanderschlagen der Beine oder auch den Duft, den das materielle Objekt verströmt, das Körpersekret, das ihm anhaftet – Zeichen dafür, daß das Objekt benutzt worden ist. Kurz, der Fetischist behauptet, den ganzen Reichtum der sexuellen Begegnung mit einem Menschen – die Spannung, die Intimität, die Erregung – aus einem materiellen Gegenstand zu gewinnen, in dem sich das Wesen des anderen verdichte. Er möchte auf das Menschliche am anderen verzichten und doch die Quintessenz herausziehen, das *nec plus ultra*.

Nun hat der Künstler ganz ähnliche Absichten. Er arbeitet daran, das Wesentliche des Lebens in literarischen oder anderen Stoff zu übertragen. Im Text oder im Bild ist das Leben nicht mehr da. Durch die Sache finden wir es wieder. Der Unterschied liegt vielleicht in dem Wunsch des Künstlers, uns an seiner Geisteshaltung teilnehmen zu lassen. Ich weiß, daß dieser Vergleich schockieren mag. Der Künstler verfolgt doch so edle, so hohe Ziele … Dennoch habe ich den Eindruck, daß die Analogie kein Zufall ist: Der Fetischist und der Künstler scheinen ähnliche Wege zu gehen, auch wenn das Resultat ganz anders ist.

Abschließend sei die Verwandtschaft zwischen dem weltmännischen Gebaren und der moralischen Perversion hervorgehoben: Die exhibitionistischen, voyeuristischen und fetischistischen Aspekte sind Beweis genug. Die angeführten Fälle haben uns Gelegenheit gegeben, neu über die Rolle der Anpassung bei der Identitätsbildung und die sublimierte Arbeit des Künstlers nachzudenken. Vielleicht aber auch über die Bewältigung der Einsamkeit: Das falsche Selbst, der Dandy und der «Mann von Welt», sie alle, die sich so sehr eine anerkannte Eingliederung in die Gesellschaft wünschen, sind trotz allem große Einsame.

3. Der Narzißt

oder

Wie man sich auf Kosten anderer aufwertet

Paul-Claude Racamier hat den narzißtisch Perversen als Persönlichkeit definiert, die «sich auf Kosten anderer aufwertet».[1] Das kann sich auf eine ganze Charakterstruktur beziehen, aber meistens handelt es sich um eine isolierte Neigung bestimmter Personen in Krisensituationen, etwa nach einem Trauerfall oder einem Wohnungswechsel. Egozentrische Menschen, die sich in ihrem Narzißmus gekränkt oder verletzt fühlen, werden von unstillbarem Hunger nach Verehrung dazu getrieben, bei Dritten eine «Nahrung» für ihre Eigenliebe zu suchen – als gäbe ihnen die Abwertung anderer in ihren eigenen Augen neuen Wert. Der gleiche Effekt kann durch Manipulation erzielt werden, indem man den anderen zwingt, nach dem eigenen Willen zu handeln und bestimmte Rollen zu spielen. Während der narzißtisch Perverse eine Eigenschaft des Objekts zu «absorbieren» versucht, hinterläßt er in ihm ein unerträgliches Gefühl.

Dieser Charakter, der uns monströs oder teuflisch erscheint, ist sich seiner Wirkungen oft gar nicht bewußt. Aber auch der «andere» zieht einen Gewinn aus der Situation. Darum will ich ihn den «Komplizen» nennen. Er bewundert den narzißtisch Perversen dafür, daß er sich nie wegen irgend etwas schuldig fühlt, daß er es schafft, seine Fehler nie zuzugeben. Er glaubt, der Narzißt verfüge über eine besondere Gabe. Beide fliehen ein Unwohlsein, eine tiefe Verzweiflung. Doch der narzißtisch Perverse will sich davon nichts eingestehen. Er ist zu stolz, zu akzeptieren, daß er den anderen braucht. Seine Abhängigkeit ist so stark, daß er ein ganzes Arsenal an Manipulation aufbietet, um sie zu leugnen.

Wie der moralische Sadismus und die Mythomanie gehört auch diese Störung zu den moralischen oder charakterlichen Perversionen, stellt aber eine eigene Einheit dar. Es scheint mir angebracht, sie auf die perversen Verhaltensweisen stark narzißtischer Persönlichkeiten zu beschränken, die ein besonderes Mitteilungsbedürfnis und eine Neigung zur Vereinnahmung haben.

Das Arsenal des narzißtisch Perversen

Welches sind die Mittel und Methoden, die der narzißtisch Perverse aufzubieten hat, um seine Ziele zu erreichen? Zunächst einmal bringt er in beispielloser Selbstüberschätzung seine eigenen Vorzüge, seine «tadellose» Moral zur Geltung, so daß sein Gesprächspartner stolz ist, mit ihm zu verkehren. Manchmal beklagt er, er fühle sich vernachlässigt, beleidigt, mißhandelt, um die anderen aus der Reserve zu locken. Oder aber er überschüttet sie, im Gegenteil, mit Entschuldigungen, bittet wegen der geringsten Kleinigkeit inständig um Verzeihung. Er kann auch Schuldgefühle bei seinem Gegenüber auslösen, ohne ihn direkt bloßzustellen, indem er beispielsweise auf Dritte zu sprechen kommt, die mit ihm vergleichbar sind und etwas Kritikwürdiges getan haben. Seine Strategie besteht darin, ein überhöhtes Bild von sich zu schaffen, das dem Partner ausreichen müßte, um auf seine Autonomie zu verzichten.

Der narzißtisch Perverse präsentiert sich auch als Meister in der Kunst, die Absichten anderer zu erraten: Ihm zufolge sind sie notwendig selbstsüchtig oder feindselig. Im äußersten Fall macht er es sich zur Pflicht, vor der «bösen Menschheit» zu warnen und schwingt sich zum Moralapostel auf. Der florentinische Bußprediger Savonarola war sicher von diesem Schlage, obgleich die narzißtisch Perversen selten solche Strenge an den Tag legen.

Es gibt demnach guten Grund, sich zu fragen, ob diese Persönlichkeiten ein schwaches, rudimentäres oder aber ein zu starkes Über-Ich haben. Auf den ersten Blick, angesichts ihres unzulänglichen Verantwortungsgefühls, würden wir wohl auf ein schwaches Über-Ich schließen. Wenn man jedoch sieht, mit welchen Mitteln der narzißtisch Perverse sich zum strengen, Schuldgefühle erzeugenden Über-Ich der anderen aufspielt, kann man kaum noch behaupten, daß diese Instanz bei ihm zu kurz gekommen wäre. Tatsächlich ist anzunehmen, daß sein ganzer Haß gegen die Mutter, sein Wunsch, sie zu verschlingen, ihr Innerstes zu verletzen, in sein Über-Ich eingegangen ist.[2] Bei ihm geht es nicht um das Verbot oder die Annahme der väterlichen Autorität, nicht um das Gesetz des Vaters, sondern um die unbewußte Angst vor den Konsequenzen seiner Handlungen und vor der Rache einer als allmächtig empfundenen Mutter. Diese Angst begleitet ihn als ein unsicheres Gefühl, das nicht zu fassen ist. Er schützt sich durch die Flucht nach vorn, indem er feindselig wird und blindlings um sich schlägt.

Die Verhaltensweisen des narzißtisch Perversen lassen drei Grundeinstellungen erkennen: Ausnutzung, Benutzung und parasitäre Aneignung – eine Art moralisches Schmarotzertum.[3] Er versucht, den anderen auszunutzen, ihn als Werkzeug zu gebrauchen oder sich seiner zu bemächtigen, das heißt, den Narzißmus des anderen «aufzusaugen», sich seine Begeisterungsfähigkeit, seine Leidenschaft anzueignen. Das geht sehr viel weiter als die oben erwähnte Einengung durch eine bestimmte Art der Annäherung. Das Objekt, der potentielle Komplize, ist für den narzißtisch Perversen nur in dem Maß erträglich, in dem es bereit ist, die zweite Rolle, später die der Marionette zu spielen. Um sich widerstandslos gängeln zu lassen, muß der Partner aufhören, zu denken – und wenn seine Persönlichkeit ihn dazu prädisponiert, wird er sich auch in die Funktion des Kranken fügen.

Die Gleichgültigkeit des narzißtisch Perversen gegenüber seinem Partner ist manchmal beeindruckend und läßt eine Angst vor jedem Engagement erkennen, einen Widerstand, die eigenen Gefühle zuzugeben. Im Laufe einer Paartherapie schilderte mir der Ehemann, der diesem Typus zu entsprechen schien, die erste Begegnung mit seiner Frau wie folgt: «Ich arbeitete seit kurzem als Praktikant in einem Unternehmen. Es war weit weg von meiner Heimat, das Ende der Ausbildungszeit stand bevor, und bald mußte ich wieder nach Hause. Wir waren zwei Praktikanten, etwas isoliert und trübsinnig. Eines Tages beschlossen wir, zwei Sekretärinnen zum Essen einzuladen. Eine der beiden wurde meine Frau. Warum sie? Ganz einfach – der andere Praktikant war groß, und ich bin nun einmal klein. Mein Kumpel hat die andere genommen, zehn Zentimeter größer als meine Frau. Bald danach haben wir geheiratet, ohne uns wirklich zu kennen.»

Um sich eine Vorstellung von der Situation des narzißtisch Perversen zu machen, sieht man sich am besten unter seinen Nächsten um: Sie drücken das, was er nicht empfinden kann, durch ihr Leiden, ihre stehengebliebene Entwicklung aus. So auch die Frau dieses Mannes. Während der gemeinsamen Sitzungen sprach sie über ihre tägliche Unzufriedenheit, ihre Traurigkeit, in einem Haus zu leben, das nur noch Kälte ausstrahlte. Aber die Art, wie sie ihre Erwartungen und Kritik gegenüber ihrem Mann vorbrachte, war so unbeholfen und verworren, daß er sie um so heftiger zurückstieß. Am Ende sagte er zu mir: «Sehen Sie, sie weiß nicht, was sie will.»

Die Vereinnahmung des anderen läuft auch über eine scharfe Beobachtung seiner Ideale, seiner Bedürfnisse und seiner wunden Punkte – ein Verhalten, das keine bloße Neugier ist, sondern typisch für den moralischen Voyeurismus. Daraus ergibt sich eine Teilung, eine Spaltung des Ich in eine voyeuristische und eine handlungsbereite Hälfte.

Die Ursprünge

Der Größenwahn ist der wichtigste der Faktoren, die den narzißtisch Perversen zu einem solchen Scheusal werden lassen. Wichtig ist aber auch sein illusorisches Gefühl, bei einer «unfehlbaren» Mutter den Vater zu ersetzen. Wenn es ihm gelingt, den anderen zu unterwerfen, ihn in seine Logik einzubinden, fühlt er sich zugleich in diesem Vorgehen bestätigt, das sich in seinen Augen als wirksam und gut begründet erweist. Seine «Moral» beruht auf dem Prinzip, daß es jedermann gut täte, sein Abhängigkeitsgefühl ein klein wenig zu leugnen, die eigenen Unzulänglichkeiten abzuwehren, verbotene Lüste zu befriedigen und sich von keinem geistigen Führer lenken zu lassen. Er tut jedoch das Gegenteil von dem, was er verkündet, indem er sich selbst zum geistigen Führer des anderen erhebt.

Das ist ein beispielhaftes Paradox, dessen Standardformulierung aus dem Mund des narzißtisch Perversen lauten könnte: «Niemand braucht einen Herrn, aber ich werde dir ein guter sein, einzigartig und unersetzlich.» Ein Vorschlag, der zu denken gibt und mit einem Postulat zu überzeugen versucht, das vollständig absurd ist. Genau diese Situation schafft der Narzißmus. Sie ist absurd, weil man sich nicht selbst lieben kann, als wäre man ein anderer, das heißt, indem man die Andersartigkeit, ja sogar die Existenz der Welt aufhebt.

Was ist Narzißmus?

Der Narzißmus als sexuelle Perversion wurde zuerst von Havelock Ellis beschrieben.[4] Seine Beobachtungen betreffen Männer, die starke sexuelle Erregung empfinden und sogar zum Orgasmus kommen, wenn sie sich nackt im Spiegel betrachten. Die Szene der Selbstbetrachtung kann lang sein, von Bewegungen bestimmt; sie kann mit der Benutzung von Fetischen einhergehen oder sich auf ein körperliches Detail konzentrieren. Ellis führt auch Beispiele von Frauen an; so etwa den Fall einer Patientin, die verliebt war in ihren gewölbten Fußspann, wenn sie hochhackige Schuhe trug. Manche akzeptieren den Geschlechtsverkehr, empfinden aber nur Lust, wenn sie sich beim Liebesakt zusehen und die Schönheit ihres Körpers, seine Biegsamkeit oder die Spannung bestimmter Muskeln bewundern können. Der Spiegel, so angebracht, daß er den Koitus zeigt, ist hier die Regel.

Freud hat diese Beobachtungen im Kern aufgegriffen, den Narzißmus aber einer «Metamorphose» unterzogen.[5] Er stützte sich dabei auf drei Hypothesen, die sich wie folgt zusammenfassen lassen:

1. Der Narzißmus ist nicht nur eine sexuelle Perversion. Viele Individuen haben eine ausdrückliche, ja sogar exklusive Neigung zur Verliebtheit in sich selbst.
2. Diese Neigung ist ihrem Wesen nach nicht an die Sexualität im üblichen Sinne des Wortes gebunden.
3. Jedermann verfügt über ein gewisses Maß an Narzißmus, die einen mehr, die anderen weniger. Im psychischen Leben des Kleinkinds ist er vorherrschend.

Heute ist man bei dieser Auffassung geblieben, aber das Verhalten, das Handeln, ist stärker in den Mittelpunkt gerückt. Bei den narzißtisch Perversen dehnt das von Selbstbewunderung unbefriedigte Ich seine Herrschaftsansprüche aus, indem es anderen seine Überlegenheit aufzuzwingen versucht.

Peiniger oder Opfer?

Nehmen wir das Beispiel der Eltern – im Einzelfall Mutter oder Vater –, die Einfluß auf das Kind ausüben, um es in ihrer Nähe zu behalten; Eltern, die ihr Kind zur Unbeweglichkeit oder zur

Psychose verurteilen, indem sie seine Ängste und sozialen Schwierigkeiten durch zahlreiche abwertende Botschaften verstärken. Man kann sagen, daß diese Strategie ausnahmslos bei jedem funktioniert: Den anderen wiederholt und aus einer überlegenen Position heraus auf seine Fehler hinzuweisen, mobilisiert mit Sicherheit seine Bereitschaft zur Selbstbehinderung oder Selbstzerstörung.

Durch die Tatsache, daß die Kinder direkte Nachkommen und somit ein «Teil» ihrer Eltern sind, entsteht eine übermäßige Nähe in der Eltern-Kind-Beziehung. Je exklusiver diese Bindung ist, um so mehr Schwierigkeiten bringt sie hervor. Im allgemeinen verzichten die Eltern über kurz oder lang auf den absoluten Besitz ihrer Kinder. Sie erkennen an, daß die Gesellschaft, die anderen Erwachsenen, Lehrer und Erzieher imstande sind, den Kindern neue Erfahrungen zu vermitteln und ihr Seelenleben zu bereichern. Diese Möglichkeit ist ihnen selbst einmal geboten worden, und dafür sind sie dankbar. Zugleich schätzen sie, was ihre eigenen Eltern ihnen hinterlassen haben. All diese Nuancen werden von manchen Erwachsenen ignoriert, die als Eltern ungeeigneter nicht sein könnten und – wie die Eltern psychotischer Patienten – genau umgekehrt reagieren, indem sie es darauf anlegen, jede Alternative auszuschalten, die die Erziehung bietet.

Es kommt häufig vor, daß Eltern für ihr Kind ein Lebensziel haben, das dem eigenen ähnlich ist. Wenn sie die Erfüllung eines Ideals, die Verwirklichung dessen, was sie selbst nicht verwirklicht haben, auf das Kind projizieren, müssen sie es sich darum nicht notwendig als Doppelgänger vorstellen. Möglicherweise gestehen sie damit nur eine ausgebliebene persönliche Erfüllung, also einen Mangel ein. Im anderen Fall, in dem das Kind als Doppelgänger erscheint, ist der Auftrag belastender.

Es können jedoch zwei Schwierigkeiten auftreten. Die Eltern können wünschen, daß das Kind ihr eigenes Schicksal rächt, daß es sie von den Enttäuschungen ihrer unerfüllten Träume «heilt», indem sie ihm das Gefühl geben, es werde nichts tun müssen – keine eigene Anstrengung, keine persönliche Arbeit –, um die höchsten Weihen zu erlangen. Manchmal gehen die Eltern allerdings so weit, daß sie Zwang ausüben und das Kind sich zum Erfolg genötigt fühlt.

Auf der entgegengesetzten Seite finden wir Eltern, die bei der Projektion eines zu realisierenden Ideals an die Lust denken, die das Kind aus der Verwirklichung ziehen wird.

In der Familie des psychotischen Patienten geht die Vereinnahmung tiefer: «Ich weiß wie kein anderer, was du denkst und was du willst. Du siehst doch, wie ich mich für dich opfere, also opfere dich auch für mich. Wisse, daß dich niemand je so lieben wird wie ich.» Zahlreich sind die Formulierungen, die für mehr Verehrung sorgen sollen – aber wie sehr sie den anderen gefangennehmen, ist nicht immer leicht zu erkennen.

Der Patient erscheint als Opfer und Peiniger zugleich. Unter Umständen bietet er sich durch seine Gesten für die Vereinnahmung an, über die er sich beklagt, und nimmt bei Bedarf narzißtisch-perverse Verhaltensweisen an. Viele junge Patienten hindern ihre Eltern, ihr Leben zu leben, auszugehen oder ihren Urlaub zu genießen – wohlwissend, welche Schuldgefühle sie wegen der Krankheit ihres Kindes haben. Es scheint mir daher wichtig, noch einmal hervorzuheben, daß es bei der narzißtischen Perversion um die Beziehung geht: Die Rollen des Opfers und des Peinigers werden oft abwechselnd bald von diesem, bald von jenem Mitglied der Familie gespielt.

Eine Machtstrategie

Man muß auch beachten, welches Ausmaß an Gewalt in das Verhalten einfließt und jeden Versuch unterminiert, eine schöpferische Erfahrung zu teilen. Sofern der Narzißmus mit einer gewissen Vitalität einhergeht, kann er die Grundlage für starke, auf die Verwirklichung innovativer Vorhaben ausgerichtete Bindungen sein. Anders gesagt, ohne diesen Antrieb wäre Amerika nie entdeckt worden, gäbe es all die schönen Bauwerke nicht, die die Antike uns hinterlassen hat. Die Entschlossenheit so mancher großer Visionäre zehrt von diesem Narzißmus im Dienst einer außergewöhnlichen Idee. In der Beziehung zwischen dem narzißtisch Perversen und seinem Komplizen hingegen steht die Gewalt solch produktiven Entwicklungen im Wege.

Von der Lehrer-Schüler-Beziehung zur Therapie

Ich habe mich in einem anderen Zusammenhang näher mit der Beziehung zwischen Lehrer und Schüler und anderen Ausbildungssituationen befaßt.[6] Die Vermittlung von Wissen, die für die Kultur unschätzbare Bedeutung hat, kann benutzt werden, um Macht über andere zu gewinnen, sie kann insgeheime Treuewünsche, aber auch Ängste vor einem Bruch auslösen. Der «Pygmalioneffekt» ist ein extremer Ausdruck solcher Tendenzen.

Der kretische König und Bildhauer Pygmalion verliebt sich in die schöne Frauenstatue aus Elfenbein, die er selbst geschaffen hat. Er ist verzweifelt. Um ihn zu trösten, haucht Aphrodite seinem Werk Leben ein: Es wird Galathee, die Weiße. George Bernard Shaw setzt in seinem Stück *Pygmalion* den Akzent auf den Wunsch des Mannes, eine wirkliche Frau nach seinem eigenen Geschmack und seinen eigenen Vorstellungen zu formen. Die Allegorie trifft sehr gut auch den Wunsch des Erziehers, der den Geist des Schülers nach seinem eigenen Vorbild gestalten will.

In der therapeutischen Beziehung deuten manche Reaktionen darauf hin, daß sich die narzißtisch perversen Abwehrmechanismen als Widerstände äußern, die sich zu einem «abgekapselten Kern» verdichten können. Es stellt sich die Frage, ob Analysen, die sich übermäßig in die Länge ziehen, nicht solche Kerne enthalten. Wie wichtig es ist, sie aufzuspüren und zu deuten, zeigt das Beispiel einer Patientin, die sehr an ihren Sitzungen hing und es liebte, sich von Kollegen und Freunden beklagen zu lassen. Sie fühlte sich ungeliebt. Keine Beziehung schien ihr befriedigend, und alle endeten mit einem Bruch. Ihre ängstliche Fürsorge reizte offenbar bis zum Überdruß. Aber für sie war das ein Ritual: Ein Teil des sozialen Austausches mußte sich um sie drehen, ihr Leiden diente als Anziehungspunkt, und die anderen mußten sie trösten. Zugleich fiel mir auf, daß jede Besserung, die im Lauf der Therapie eintrat, von ihr ignoriert oder gar als gefährlich empfunden wurde: Sie fürchtete den Verlust dieser Art Liebe heischender Beziehung. Sobald sie merkte, daß ihre Stimmung allzu fröhlich wurde, ging sie zu feindseligen Angriffen über, attackierte mich wegen irgendeiner technischen Frage oder suchte andere Ärzte auf, Allgemein- oder Fachmediziner, um meine «Unempfindsamkeit» anzuprangern. Am Ende führten diese Ausbrüche zu Gewissensbissen mir gegenüber und zu einer Selbsterkenntnis ihrer Unersättlichkeit, ihres berechtigten Liebesverlangens, das die anderen aus Pflicht erfüllen sollten. Die Interpretation dieser Mechanismen hat uns schließlich erlaubt, mit der Therapie voranzukommen.

Die Lust an Intrigen

Der Leser wird bemerkt haben, daß in diesen drei ersten Kapiteln oft von der Identität die Rede war: Der Mythomane und der Hochstapler lassen die Identität eines Dritten verschwinden; das falsche Selbst und der «Mann von Welt» können die ihre nicht annehmen; und der narzißtisch Perverse versucht, die seines Komplizen zu entleeren. In ihrem Bemächtigungswunsch verderben sie das Wesen – ihr eigenes und das der anderen. Man muß sich also fragen, ob nicht jede Unterwerfung ein Angriff auf die «Subjektivierung», auf die Entwicklung und Entfaltung des Subjekts ist. Die Ambivalenz des Wortes «Subjekt», das vom lateinischen Wort für «unterwerfen» kommt und früher auch im Sinne von «Untertan» gebraucht wurde, deutet auf diesen Zusammenhang hin. Dennoch – Subjekt werden heißt, sich von seinen Bindungen befreien.

Eins von beiden: Entweder ist die Herrschaft unvermeidlich und Subjektsein ein Ding der Unmöglichkeit, oder man muß, um sich zu verwirklichen, seine Freiheit erobern, wenn nicht gar seine Ketten sprengen. Nun hängen wir im Leben aber zwangsläufig von anderen ab, und sei es nur ein wenig oder für kurze Zeit. Der narzißtisch Perverse weiß das allzu gut und will davon profitieren. Wie ich bereits betont habe, ist er ebenso an den anderen gefesselt wie er versucht, ihm Fesseln anzulegen.

Die Einflußnahme auf den Geist des Schülers oder die Lenkung seines Schicksals steht seit jeher im Zentrum abendländischer Legenden. So etwa in der mittelalterlichen *Geschichte vom Dr. Faustus*, dem Mephistopheles im Tausch gegen seine Seele Jugend, Liebeslust und Reichtum wiedergibt. In der keltischen Sage *Tristan und Isolde* wird die unmögliche Liebe durch einen Zaubertrank begünstigt, den die Dienerin verabreicht. Über das gleiche Thema hat Fernando de Rojas 1502 ein Stück geschrieben, *Celestina*, in dem die Liebenden zusammenkommen, aber in einer Weise, die unverzüglich ihr tragisches Ende herbeiführt.

Wir finden die narzißtische Perversion auch bei anderen diabolischen Persönlichkeiten wieder, Meistern und Gestaltern der Bemächtigung, der Täuschung, der Manipulation. Das Lachen des Mephisto in der Faust-Oper erinnert an den Jubel, von dem oben die Rede war. In dem berühmten Briefroman *Gefährliche Liebschaften* von Choderlos de Laclos aus dem Jahr 1772 ist es die Marquise de Merteuil, die als Priesterin der Liebe die Fäden zieht. Ihre Mission: die Vermehrung und Verbreitung der Liebe, die Erweckung des sinnlichen oder gar verdorbenen Wesens, das am tiefsten Grund des Menschen schlummert.

Die Intrige wird gesponnen, als die Marquise sich ihrem Verehrer, Valmont, verweigert, indem sie ihm einen perversen Pakt vorschlägt: Sie will sich ihm hingeben, sobald es ihm gelungen ist, die sittenstrenge Präsidentin de Tourvel zu verführen und er einen schriftlichen Beweis dafür erbringen kann (20. Brief). André Malraux hat in einem Vorwort wunderbar die Triebfedern der Intrige dargestellt: «Die *Gefährlichen Liebschaften* sind der Bericht einer Intrige (wie zufällig bezeichnet dieses Wort sowohl die Organisation des Komplotts in einem dichterischen Werk als auch ein wirksames und zielgerichtetes Zusammenspiel von Täuschungen). Intrigieren heißt immer, jemanden etwas ‹glauben machen›: Jede Intrige ist ein Lügengebäude. An die Intrige glauben, heißt vor allem glauben, daß man auf die Menschen einwirken, sie durch ihre Leidenschaften, *die ihre Schwächen sind*, beeinflussen kann.»

Valmont macht sich an die Eroberung der Präsidentin de Tourvel, die seine Bemühungen alsbald zurückweist. Er erfindet neue Listen, täuscht Herzensqualen vor, pocht auf seine Aufrichtigkeit, beweist seine Großherzigkeit, seine Ergebenheit. Er verschreibt sich ganz dem Verführungsplan, und wenn seine Entschlossenheit nachläßt, führt ihm die Marquise, die brieflich jeden Schritt verfolgt, mit rühmenden Worten die ungeahnten Vorzüge der Madame de Tourvel vor Augen, indem sie ihm das sinnliche Wesen in ihr enthüllt, das von sich selbst nichts weiß: «Sie haben mehr verloren als Sie ahnen, daß Sie sich dieses Kindes nicht annehmen wollen! Die Kleine ist nämlich wirklich entzückend, hat weder Charakter noch Grundsätze – danach können Sie sich denken, wie angenehm und nett ihre Gesellschaft wäre. Gefühl? Nein, das wird nie ihr Fall sein, aber Sinne, ja, die hat sie, und wie lebhafte! Ohne Geist und ohne Raffinement, hat sie doch eine Art natürlicher Falschheit, wenn man so sagen kann, die mich manchmal erstaunt, und mit der sie um so mehr Erfolg haben wird, als ihr Gesicht das Bild der Unerfahrenheit und Naivität ist. Sie ist sehr verliebter Natur, und ich amüsiere mich manches Mal darüber; ihr kleines Köpfchen erhitzt sich mit einer unglaublichen Leichtigkeit, und sie ist dann um so reizender, weil sie nichts, aber gar nichts von all dem weiß, was sie so gern wissen möchte.»[7]

Etwas später nennt die Marquise Valmont einen Feigling und spottet über seine Ungeschicklichkeit, ehe sie im 82. Brief den Grund ihres turbulenten Liebeslebens offenbart: Sie hat gelernt, das Falsche zu predigen, um das Wahre zu enthüllen. «Was mir Ihre Angst leid tut», schreibt sie an Valmont. «Sie beweist mir meine Überlegenheit über Sie – und Sie wollen mich lehren, wie ich mich betragen soll? Ach, mein armer Valmont, was für ein Abstand ist noch zwischen Ihnen und mir!»[8] Dann wieder beunruhigt sie sich «wegen der Gerüchte», die man über ihn erzählt.

Nachdem Valmont sein Ziel endlich erreicht und Madame de Tourvel mit Hilfe eines wohlmeinenden Paters «besiegt» hat, schreibt er an die Marquise: «Seit gestern hat sie mir nichts mehr zu gewähren ...», als würden schon jetzt die Fallstricke des Untergangs gespannt. In diesem Augenblick läßt die eifersüchtig gewordene Marquise, auf der Höhe ihrer Falschheit, Madame de Tourvel einen Brief schicken, der Valmonts Doppelspiel entlarvt und die tragische Auflösung der Intrige zur Folge hat.

Eine andere teuflische Persönlichkeit, Jago, spielt in Shakespeares Tragödie *Othello* die Rolle dessen, der scheidet, trennt und Eifersüchte schürt. Im Unterschied zu Mephistopheles oder der Marquise, die die Liebenden zusammenführen, greift Jago die Bande zwischen Othello und Desdemona an, indem er Othello gegen Cassio aufhetzt. Am Anfang steht ein Zerwürfnis zwischen diesen beiden Männern. Cassio, Othellos Leutnant, verliert das Vertrauen seines Herrn. Um seinen Posten zurückzugewinnen, sucht er Jagos Rat, was ihm zum Verhängnis wird. «Cassio: [...] O ich habe meinen guten Namen verloren! Ich habe das unsterbliche Teil von mir selbst verloren, und was übrig ist, ist tierisch.»[9] Jago sieht in der Intrige, die er anzettelt, eine Möglichkeit, selbst den Leutnantsposten zu ergattern. Bei seinen Listen bedient er sich der Gutmütigkeit der Unschuldigen. Er rät Cassio, Desdemona aufzusuchen, damit sie sich bei ihrem Mann für ihn ver-

wende. Anschließend sagt er sich: «Jago: [...] Derweil der gute
Tropf in Desdemona dringt, ihm beizustehn, und sie mit Nach-
druck sein Gesuch begünstigt, träuf ich den Gifttrank in Othellos
Ohr: Daß sie zu eigner Lust zurück ihn ruft; und um so mehr sie
strebt, ihm wohlzutun, vernichtet sie beim Mohren das Vertrauen.
So wandl' ich ihre Tugend selbst zum Laster und strick ein Netz
aus ihrer eignen Güte, das alle soll umgarnen.»[10]

Wenn der Intrigant nicht dominiert, wenn er nicht die Liebenden zusammenführen, den Geist eines Schülers formen oder eine
Laufbahn steuern kann, zieht er es vor, Konflikte zu schaffen.
Aber vermutlich ist es eher der Todestrieb, der solches Handeln
anregt.

Die Sucht der Verderbnis

Ein anderer klassischer Held, der Priester Carlos Herrera, zieht
die Schicksalsfäden in Balzacs Roman *Glanz und Elend der Kurtisanen*, insbesondere beim Aufstieg und Fall des Lucien de Ru-
bempré. Hören wir, was der Romancier über Herrera sagt, der in
Wirklichkeit kein anderer ist als der entsprungene Sträfling
Jacques Collin, einst unter dem Namen Vautrin bekannt:
«Dieser Mensch voll Niedrigkeit und Größe mußte außerhalb
der Gesellschaft leben, und jede Rückkehr in sie war ihm durch
die Gesetze versagt; er war erschöpft vom Laster und den rasenden furchtbaren Kämpfen, doch mit einer Kraft der Seele begabt,
die gegen ihn selber wütete. So hatte er, von fiebernder Lebensgier
verzehrt, sich der Seele Luciens bemächtigt und in diesem edlen
jungen Körper ein zweites Leben begonnen. Der junge Dichter
war sein Vertreter innerhalb der Gesellschaft geworden, ihm teilte
er seine Zähigkeit und seinen eisernen Willen mit; Lucien war ihm
mehr als ein Sohn, mehr als eine geliebte Frau, mehr als eine
Familie, ja mehr als sein Leben – er war ihm die Rache. Und so
hatte er sich wie die starken Seelen, denen ein Gefühl mehr ist als
ihr Dasein, durch unlösbare Bande mit ihm verbunden.

Er hatte sich das Leben des verzweifelten Dichters, der vor dem
Selbstmorde stand, gekauft und einen jener höllischen Pakte mit
ihm geschlossen, die man gemeinhin für Romanerfindungen hält,
deren furchtbare Möglichkeit aber oftmals durch berühmte Verbrechen vor den Geschworenen erwiesen worden ist. Er hatte Lucien

verschwenderisch alle Freuden des Pariser Lebens ermöglicht und ihm bewiesen, daß er sich noch eine schöne Zukunft schaffen könne, und hatte ihn so ganz zu seiner Sache gemacht. [...]

Jacques Collin [Herreras wahrer Name] war nun Priester geworden, und war überdies mit einer geheimen Mission betraut, die ihm in Paris die einflußreichsten Verbindungen schaffen konnte; er war entschlossen, alles zu unterlassen, was seiner neuen Würde Abbruch tun konnte, und überließ sich ganz den Aussichten seines neuen Lebens. Da begegnete er Lucien auf der Straße von Angoulême nach Paris. Dieser junge Mensch erschien dem falschen Abbé als ein wunderbares Werkzeug zur Macht. Er rettete ihn vom Selbstmorde, indem er ihm sagte: ‹Verschreiben Sie sich einem Manne Gottes, wie man sich dem Teufel verschreibt – und Sie werden alle Aussichten auf ein neues Dasein haben. Sie werden wie im Traume leben, und das ärgste Erwachen kann Ihnen auch nichts Schlimmeres bringen als den Tod, den Sie doch eben suchen wollten.› Die Verbindung dieser beiden Wesen, die allmählich zu einem einzigen werden sollten, beruhte auf dieser machtvollen Beweisführung und wurde von dem Abbé dadurch noch fester gekittet, daß er Lucien nach und nach klüglich zu seinem Mitschuldigen machte. Mit dem Genie der Verderbtheit, das ihm eigen war, zerstörte er Luciens Ehrenhaftigkeit dadurch, daß er ihn immer wieder in grausame Zwangslagen brachte und ihn erst daraus rettete, nachdem Lucien stillschweigend seinen schlechten oder niedrigen Handlungen, die ihn jedoch stets vor den Augen der Welt als rein, ehrenhaft und edel erscheinen ließen, zugestimmt hatte. Lucien war der Glanz der großen Welt, in dessen Schatten der falsche Priester leben wollte.

‹Ich bin der Verfasser, du sollst das Drama sein: wenn du keinen Erfolg hast, werde ich ausgepfiffen›, sagte er ihm an dem Tage, an dem er ihm das Geheimnis seiner gotteslästerlichen Verkleidung enthüllt hatte.»[11]

Balzac erkennt die Bisexualität in dem Pakt, den dieser Teufelsmensch vorgeschlagen hat, der sowohl der Mutter nachempfindet, die das Kind im Leibe trägt, als auch der Ehefrau, die durch ihren Mann lebt: «Wer dieses eherne Herz recht verstanden hat, muß erkannt haben, daß Jacques Collin seit sieben Jahren auf sich selber verzichtet hatte. Seine mächtigen Fähigkeiten waren ganz und gar von Lucien aufgesogen worden, sie arbeiteten nur noch für ihn. Er genoß Luciens Erfolge, seine Liebschaften und jede Befriedigung seines Ehrgeizes; Lucien war ihm seine eigene sichtbar gewordene Seele.»[12] Seine Identifizierung läßt ihn vehement jede Veränderung seines Freundes spüren, so gering sie auch sein mag.

«Der Todtäuscher [*Trompe-la-Mort*, wie die Gefährten aus dem Bagno ihn nannten] entsandte seinen Stellvertreter in die Welt – und in ihm dinierte er selber bei den Grandlieus, ging er selber in das Boudoir der großen Damen, liebte er selber Esther; kurz, er sah in Lucien einen schönen, jungen, vornehmen Jacques Collin, der bald einen Gesandtenposten innehaben würde.

Vermöge einer Art seelischer Vaterschaft hatte der Todtäuscher den deutschen Aberglauben vom Doppelgänger verwirklicht. Frauen, die in ihrem Leben einmal wirklich geliebt haben, werden das nachfühlen können; denn sie haben ihre Seele in die des geliebten Mannes übergehen gefühlt; sie haben sein Leben gelebt, sei es nun edel oder gemein, glücklich oder elend, verborgen oder ruhmreich gewesen; über alle Entfernungen hinweg haben sie Schmerzen im Bein gefühlt, wenn er sich verletzt hatte; sie haben aus sich selber empfunden, daß er sich im Zweikampfe schlug, und sie haben endlich, um all das in einem Wort zu sagen, eine Untreue nicht erst erfahren müssen, um sie zu wissen.»[13]

Berührt von Luciens Tod, bringt Collin doch unvermindert Erpressungen und Druck ins Spiel, um zu erreichen, was er will: seinen Freispruch. Hinfort wird ihn der Wunsch leiten, Rache zu üben, denn der Haß, so bekennt er, ist das, was ihn lebendig hält.

Wie erkennt man den narzißtisch Perversen, und wie schützt man sich vor ihm?

Diese Perversion läßt sich, wie gesagt, leicht an der Fernwirkung auf andere erkennen. Nach einer Zeit euphorischer Begeisterung, in der sie sich sehr angeregt und gestärkt fühlen, erleben die Partner des narzißtisch Perversen (ich meine Partner im weiteren Sinne) alle Grauen von Verlassenheit, Schmerz, Ratlosigkeit und Hemmungen; sie haben das Gefühl, nichts wert zu sein: im besten Fall, ihre Zeit verschwendet, im schlimmsten, etwas Kostbares verloren zu haben. Oft ist es zu spät – die Verheißung war groß, und das Risiko schien minimal.

Was das Verhalten des narzißtisch Perversen betrifft, so fällt auf, daß er immer Recht hat und sich für nichts schuldig fühlt. Er beschreibt sich als edel, großmütig und selbstlos, eben im Begriff, etwas Gutes zu tun: zu erziehen, zu retten, zu schützen, jemandem zu einer Karriere zu verhelfen. Aber erzählen Sie ihm nur, daß Sie gerade befördert worden sind, dann wird er Ihnen sagen, auch er kenne solche Glücksmomente oder eigentlich sei er ja der Urheber des Erfolgs. Es ist schwierig, sich seinem Zugriff zu entziehen, wenn die eigene Moral verlangt, daß man die Würde des anderen respektiert.

Der beste Schutz besteht sicher darin, sich zu fragen, welche Saite in uns der narzißtisch Perverse zum Schwingen gebracht hat und welche Schwäche wir reparieren wollten, als wir ihn in unser Leben aufnahmen. Ein Versuch, sich selbst zu retten ... bis zum nächsten Mal.

4. Der Zyniker in der Politik

oder

Von der Schwierigkeit zu regieren

In diesem Kapitel werden wir die narzißtische Perversion über das Individuum hinaus verfolgen, sie innerhalb von Gruppen und Institutionen aufspüren, besonders aber in deren Führung. Der Zynismus nährt die Sprache vieler Perverser, die in ihm Argumente finden, um ihre Handlungen zu rechtfertigen. Und oft haben diese Argumente starke Überzeugungskraft. Das Beispiel der Politik ist nicht weit von dem entfernt, was jeder von uns alltäglich ganz in seiner Nähe findet.

Der Zynismus aus der Sicht der Psychologie

Was verstehen die Psychologen unter einem Zyniker? Es handelt sich um ein Individuum, das die überkommene Moral mißachtet und seine ganze Redekunst dareinsetzt, das Böse zu erhöhen, seine Vorzüge, seine Überlegenheit, seine Spielbreite und Existenzberechtigung zu preisen. Der Zyniker gibt auch Orakelsprüche von sich, die Unglücke voraussagen. Er ist von Grund auf ungläubig. Das blasphemische Element wurde von Freud hervorgehoben.[1] Der Zyniker glaubt, er könne sich alles leisten, denn «was immer der Mensch tut, um sein Ideal zu erreichen, er ist von Schlechtigkeit beherrscht»; bei ihm selbst, meint er, komme «Klarsicht» hinzu. Man kann jedoch sagen, daß Blasphemie die Grenze und ein gewisses Versagen des von Gewalt überfluteten zynischen Denkens markiert. Insgesamt dient diese Logik der Herrschaft und der Doppelzüngigkeit.

Der Zynismus in der Philosophie

Der Zynismus als Philosophie ist dagegen hoch moralisch. Begründet im alten Griechenland, stellt er eine Form der Gesellschaftskritik dar und erhebt Anspruch auf eine Ethik des Wahren, um die Verirrungen der durch Geld, Machthunger, Luxus und Vergnügungssucht herabgesetzten Zivilisation anzuprangern. Auf die kürzeste Formel gebracht, ist er eine Verbindung von Umweltbewußtsein und Anarchismus.

Ganz anders der Zynismus im psychologischen Sinne, der im wesentlichen mit der Perversion zusammenhängt: Er hilft Vorteile zu rechtfertigen, die man aus unerlaubten Situationen zieht. Warum Zwänge akzeptieren oder sich Verboten unterwerfen, wo es doch so viel zu genießen gibt, wenn man sie umgeht? Auf den ersten Blick entfaltet der Zyniker ein negatives Denken: An der menschlichen Seele ist nichts Edles zu entdecken, die Liebe ist Selbstbetrug, die Zukunft ungewiß, wenn nicht katastrophal. Indem er nach Bedarf Sarkasmus und bissigen Spott einsetzt, rechtfertigt er seine egozentrische Suche nach Lustgewinn als das höchste Ziel.

Beim Politiker beispielsweise bestärkt Zynismus den Willen, das gegnerische Lager wehrlos zu machen, indem man es spaltet, Zwietracht sät und Streitigkeiten schürt oder Bündnisse schafft, um die potentiellen Konkurrenten zu neutralisieren.

Der Zynismus kann eine direkte Form annehmen, die darin besteht, gute Gefühle und selbstlose Haltungen lächerlich zu machen, oder eine indirekte Form, die darauf abzielt, die angeblich fehlende Integrität der politischen Rivalen – ihre Machtgier, ihre Engstirnigkeit, ihre Schwindelei – bloßzustellen und auszunutzen.

Zynismus, Ironie und Nihilismus

Der Zyniker ist kein Ironiker, auch wenn der letztere ebenfalls über jemand oder etwas spottet. Der Ironiker will nicht zerstören. Er versucht vielmehr, eine Idee zu vermitteln, indem er das Gegenteil von dem sagt, was er denkt oder zu verstehen geben möchte. Der Ironiker kann den anderen verletzen, aber selten reißt er eine Wunde in seinen Narzißmus, wie es beim Zyniker der Fall ist. Der andere fühlt sich zu einer Reaktion herausgefordert, er hat Lust zu kontern, sich zu verteidigen oder seinerseits ätzende Bemerkungen zu machen. Manchmal gibt der Ironiker ihm auch Gelegenheit, seinen Verstand zu schärfen. Hinter der Ironie verbirgt sich ein sensibler Mensch, der fürchtet, sich von Enthusiasmus mitreißen zu lassen.

Der Skeptiker hat die Ungläubigkeit mit dem Zyniker gemeinsam – aber da hört die Ähnlichkeit auch schon auf. Da der Skeptiker nicht an den Erfolg eines Vorhabens, an die Qualität eines Produkts oder an den Fortschritt glaubt, den eine Neuheit bewirken könnte, erscheint er als sehr konservativ. Im Grunde hat er Angst, zu handeln, sich in ein Unternehmen zu stürzen und sich zu begeistern, während der Zyniker wegen niemand leidet und nichts fürchtet.

Der Skeptiker ist vor allem skeptisch gegenüber sich selbst. Sein Empfinden ist nicht weit von dem entfernt, was Winnicott das «Gefühl der Nichtigkeit» genannt hat. Eine extreme Variante ist der Nihilist im buchstäblichen Sinne des Wortes, «der an nichts glaubt» – eine Persönlichkeit, die unter diesem Namen zum ersten Mal vor über hundert Jahren von Turgenjew in *Väter und Söhne* beschrieben worden ist. Nach der Analyse, die J. E. Towne von dem Helden liefert, reagiert der Nihilist Bazarov mit der Verunglimpfung des herkömmlichen Gedankenguts darauf, daß der Ödipuskomplex bei ihm einen umgekehrten Verlauf in der libidinösen Hinwendung genommen hat: Bazarov unterwirft sich ganz dem strengen und verehrten Vater, während er gegenüber der abgewerteten Mutter – einer sentimentalen, sehr frommen und abergläubischen Frau – eine Haltung «opponierender Entrüstung» einnimmt.[2]

Die Polis

Das geläufigste Bild des Zynikers im politischen Bereich ist das des Politikers, dem jedes Mittel recht ist, um seine Ziele zu erreichen. In verantwortlicher Position oder mit öffentlichen Ämtern betraut, ist er zu allem bereit, um an der Macht zu bleiben. Geheimhaltung, Lüge, der Einsatz unrechtmäßiger Gewalt gegen die Bürger, die Ausnutzung von Gesetzeslücken oder -schwächen zu seinen Gunsten – es gibt nichts, was in seinen Augen nicht gerechtfertigt wäre. Sein Prinzip ist die Staatsräson, das heißt, seine eigene.

Zynismus durchsetzt die Reden des Politikers, der dem Volk die Vorzüge einer in Wirklichkeit nachteiligen Situation anpreist. Das ist der Fall beim populistischen Führer oder beim Demagogen, der statt Brot und Freiheit nur immaterielle Wohltaten oder geringfügige Vorteile bietet, die eher symbolischen als realen Wert besitzen. «Liebt mich, seid stolz auf euren Führer, der euch versteht, der ein Herz für eure Leiden und ein offenes Ohr für eure Bitten hat.» Nichts als geistige Erhöhung – das sollte ihnen genügen. Der Nationalismus eignet sich dafür besonders gut, weil er in der Liebe zum Heimatboden, in hoch symbolischen Gefühlsbindungen verwurzelt ist. Der Demagoge bietet nichts Greifbares; er macht lediglich Versprechungen, mit denen er Hoffnungen und Leidenschaften weckt. Und manchmal belustigt er sein Publikum. Theaterspiel hat großen Reiz, weil es dem Durchschnittsbürger das Gefühl vermittelt, im Mikrokosmos der Mächtigen dabei zu sein. So kann er sich mit dem Anführer identifizieren.

Tatsächlich wird der Demagoge als ein Vater wahrgenommen, der die idealisierten Erwartungen der Untergebenen auf sich konzentriert. Er versteht es, Gefühle anzusprechen, sie wie ein Zauberkünstler in Worte oder Bilder umzusetzen. Kurz, er schafft Illusionen. Allerdings glaube ich nicht, daß dieses Vorgehen ausschließlich dem Demagogen eigen ist. Es ist bei jedem Machtmenschen vorhanden, nur daß der Demagoge darüber hinaus zynisch ist: Er weiß, daß er nichts bieten wird.

A priori erscheint der Zyniker als ärgerliche, oft höhnische und keineswegs sympathische Person. Man kann sich also schlecht vorstellen, daß ausgerechnet er Politik machen soll. Wie aber ist dann zu erklären, daß Zynismus das Gesamtvorhaben mancher Politiker prägt und ihre Schritte lenkt? In der Tat gilt der Zyniker als Meister der Kunst, das Volk in regelmäßigen Abständen glauben zu machen, man habe es zu sehr verwöhnt, und fortan müsse es Zwänge hinnehmen. Ihm zufolge ist es besser, das Volk zu belügen, als ihm Illusionen zu rauben. «Eine Idee ist nicht schuldig, wenn das Volk an sie glaubt», sagte Don Marquis.

Schon Platon hat behauptet, auch der «vollkommene Staat» könne nicht auf Lüge, Falschheit und Scheinheiligkeit verzichten. Bei Machiavelli heiligt der Zweck die Mittel.[3] Nach der Machterlangung heißt die eigentliche Frage für den Zyniker: Was tun, um sie zu bewahren? Die Politik folgt also ihrer eigenen Moral, die unseren Gewohnheiten fremd ist. Trotz allem hat Machiavelli es ernst gemeint, als er sagte, das Staatsoberhaupt könne alle Mittel benutzen, müsse aber mit den «diplomatischsten» beginnen. Wenn diese sich als unwirksam erweisen, ist er so frei, Gewalt zu üben. Um des

Sieges willen muß man von der Finte zum Mord übergehen, von der Scheinheiligkeit zur Strafexpedition, von der Knauserei zur Plünderung. Wer keinen Einfluß hat, greift zu den Waffen.

Ist das Volk Komplize?

Der Zynismus ist ein gutes Mittel, an die Macht zu gelangen, und weitaus friedlicher als der Staatsstreich oder der Bürgerkrieg. List ist wirkungsvoller als Zwang, sie ist weniger offensichtlich und schwieriger zu beweisen. Die mit Gewalt eroberte Macht kann leicht ins Unrecht gesetzt werden; sie erfordert einen Unterdrükkungsapparat, der die Bevölkerung in Angst und Schrecken hält und den Unterdrückten jederzeit einen Vorwand für den Umsturz liefert. Es sieht alles danach aus, als habe der Zynismus mit der Schwächung der Feudalmacht seinen Einzug in die Politik gehalten, weil die Liberalisierung der Gesellschaft in den Augen der neuen Herren bedrohliche Züge annahm. Man muß indessen einräumen, daß auch die Demokratie Politiker hervorbringt, die von Anfang an, schon zu Beginn ihrer Laufbahn, zynisch sind oder zynisch werden, sobald sie nicht mehr an ihre Botschaft, an die Richtigkeit ihrer Ideale glauben, vielleicht auch Angst vor der Verwirklichung ihres Programms bekommen: Angst vor dem, wozu sie in der Lage wären.

Im Grunde ist Politik nur eine Art, die Regierung des Staates zu organisieren. Dennoch glauben zahlreiche Bürger, ein Staatsmann müsse ihr Leben verändern, ihre Seele beruhigen, die intimen Beziehungen zu ihren Nächsten beeinflussen und verbessern. Pichón Riviere unterscheidet vier Bereiche, in denen sich das psychische Leben ausdrückt: Die Gemeinschaft, die Institution, die Familiengruppe und das Individuum im strengen Sinne.[4] Unser Verhalten ändert sich je nach dem Bereich, in dem es sich entfaltet. Bei bevorstehenden Wahlen entwickelt sich ein Glaube: Dem hochrangigen Politiker werden unbegrenzte Fähigkeiten unterstellt, alle Bereiche zu beeinflussen, alles zu verändern. Hier findet man das infantile Gefühl der elterlichen Allmacht wieder. Während sich der Horizont ursprünglich auf die nächsten Bezugspersonen des Kindes beschränkt, kann dieses Gefühl, wie Freud sagte, später dazu führen, das Bild des einen oder anderen Elternteils auf das Schicksal und die Vorsehung zu projizieren.[5]

Der Politiker bedient sich dieser idealisierenden Projektion, deren Objekt er ist. Das gehört zu den unumgänglichen sozialen Spielregeln, die das Verhältnis zwischen dem Individuum und der menschlichen Gemeinschaft – der Gruppe, der Familie, der Institution, dem Heimatland – begründen. Freud hat die These aufgestellt, daß jedes Mitglied einer Menge oder Gruppe sein Ich-Ideal mit der Person und der Funktion des Oberhaupts identifiziert.[6] Das begünstigt die Entwicklung eines Zugehörigkeitsgefühls, die Annäherung der Gruppenmitglieder untereinander, und nährt zugleich die Identifikationen des Subjekts. Die Zugehörigkeiten zu den verschiedenen menschlichen Gemeinschaften werden Bestandteil der Identität.

In Zeiten des Wahlkampfs hat der Bürger ein wenig das Gefühl, er könne von seinen Eltern verlangen, was er will. Dann werden sich die Eltern …, das heißt natürlich: die Politiker, miteinander streiten, um seine Gunst zu gewinnen, indem sie ihm schmeicheln oder ihm Versprechungen machen. Vielleicht ist das die Quelle für den berühmten Pakt zwischen dem Machthaber und seinem Volk – einen Pakt, der so lange hält, wie die Illusion bestehen bleibt.

Seit Roosevelt rühmen alle Präsidenten der USA das Ideal der erobernden amerikanischen Nation und des *melting pot*, in dem jeder Bürger, egal welcher Herkunft, seinen Platz finden und etwas werden kann. Das ist jedoch mitnichten eine Angelegenheit der Politiker. Für das persönliche Schicksal sind allein die Individuen zuständig, die einen sozialen Mythos übernehmen oder nicht.

Ist jeder Politiker ein Zyniker?

Die Versuchung ist so groß, wie die Macht berauschend. Der Politiker glaubt sich in der Lage, der Zeit, in der er lebt, seinen Stempel aufzuprägen. Wenn es Schwierigkeiten gibt, kann er immer noch eine strahlende Zukunft verheißen. Und im Namen dieses Ziels kann er sich alles erlauben: Untreue, Irrtümer, Erpressung und Verrat.

Michel Onfray weist darauf hin, daß jeder Politiker sich mehr oder weniger auf ein pragmatisches Prinzip beruft: Eine Strategie ist richtig, wenn das Ergebnis stimmt.[7] Das trifft nicht nur auf den

Wahlkampf zu, sondern auch auf die anschließende Ausübung der Macht: «Was gut läuft, ist wahr.» Das Streben nach Leistung, das der Politik besonders vor Wahlen, aber auch sonst eigen ist, macht die Entgleisungen möglich. Wie sich also gegen Mißbrauch wappnen? Natürlich hängt alles von unserer Wachsamkeit als Bürger ab.

Die Politiker – eine besondere Art?

Die Politiker kommen mir nicht wesentlich anders vor als die zur Machtausübung neigenden Menschen, denen wir im vorigen Kapitel begegnet sind. M. Berger hält Staatsmänner für narzißtisch. Überzeugt, als Träger einer Botschaft unfehlbar das Richtige zu tun, lehnen sie Kritik ab, setzen sich über Mißerfolge ebenso hinweg wie über Popularitätsverluste und belasten sich nicht mit Moral, wenn es gilt, einen Rivalen auszuschalten, und sei er Mitglied der eigenen Partei.[8]

Im Unterschied zu Berger würde ich sagen, daß nicht die Person des Politikers als narzißtisch zu bezeichnen ist; vielmehr schafft seine Funktion die Bedingungen dafür, daß er auf der Grundlage seiner Persönlichkeitsmerkmale narzißtisch wird. Eine ganze Nation wünscht es «unbewußt». Wenn sich die Politiker so viel von der Führung versprechen, hat das auch damit zu tun, daß wir diese Aufgabe überschätzen. Hier geht es um die Erwartung, die sich mit dem Platz und der Rolle verbindet, nicht um den individuellen Wunsch, würde ein Gruppentherapeut sagen.

Die perverse Politik jenseits des Politischen

Damit sich der Zynismus in einer kleinen Gruppe oder einem Verband manifestiert, braucht es zwingende Gründe, etwa die Gefahr der Abspaltung, der Marginalisierung, der Auflösung. Unter solchem Druck schließt sich die Gruppe fester zusammen und etabliert eine eigene Moral, um zu überleben. Ich will zwei Beispiele anführen, die recht verschieden sind. Das erste betrifft eine Institution, die in Süditalien fest verankert ist: die Mafia; das zweite eine Pariser Familie mit einem drogensüchtigen Kind.

Der Fall der sizilianischen Mafia, mit dem ich mich anhand der Arbeiten neapolitanischer Forscher in einem Aufsatz beschäftigt habe, ist ausgesprochen lehrreich, um die Mechanismen in anderen «extremen» Gruppen zu begreifen.[9] Im Mafiamilieu sind die absoluten Werte Gehorsam, Geheimhaltung und die Vorrangigkeit der Gruppeninteressen, deren Wahrung höchste Priorität besitzt. Verurteilt werden Denunziation, Verrat und persönliche Ideen. Gesetzesübertretung gibt es nur im Sinne von Verstößen gegen die Gruppenregeln, die hart bestraft werden.

Nach diesem Code stößt jede Nicht-Übereinstimmung innerhalb der Mafia auf Ablehnung. Wer «individualistische» Anwandlungen hat, wird auf die Probe gestellt. Wie? Indem man Zwangsentscheidungen von ihm verlangt. Entweder er beharrt auf seinen Prinzipien und wird ausgestoßen – mit allen Risiken, die das bedeuten mag –, oder er respektiert den gemeinsamen Konsens, demzufolge «die Gruppe immer Recht hat», weil ihr Gesetz heilig ist. Und dies auf Kosten der individuellen Prinzipien. Der einzelne ist verpflichtet, eine Tat auch gegen seine Überzeugung auszuführen. Die Mafia besteht aus einem Netz kleiner Einheiten, deren Zusammenhalt durch Mechanismen dieser Art in einem allgemeinen Klima der Verdächtigung gewährleistet wird.

Vergleichbare Strukturen findet man in den Familien von Rauschgiftsüchtigen. Die Mutter einer drogenabhängigen Jugendlichen beispielsweise fühlte sich schuldig, die Tochter mit einem Mann gezeugt zu haben, der gleich danach verschwunden war. Seit der Geburt hatte sie das Kind bei ihrer eigenen Mutter gelassen, bis sie eines Tages einen respektablen Mann traf, in den sie sich verliebte und der die Kleine adoptieren wollte. Die Welt schien wieder in Ordnung zu kommen. Doch die Situation wurde nie klargestellt: Die Mutter machte ihrer Tochter Geschenke, gab ihr Geld, sprach aber nicht über die Vergangenheit oder die Gefühle, die ihr zu schaffen machten, und wunderte sich sehr, kein Zeichen von Dankbarkeit, Zärtlichkeit oder auch nur Freundlichkeit zu ernten. Sie warf dem Mädchen bitter vor, daß es sie nicht besuchen kam, wenn sie darum bat. Die Geschenke der Mutter waren also eigennützig, obwohl sie das Gegenteil behauptete. Die Jugendliche ihrerseits erwies sich als perfekte Demagogin. Wie zahllose Drogensüchtige machte sie Versprechungen, die sie nie hielt: Sie werde sich bessern, früh schlafen gehen, ihre Arbeitszeit einhalten, usw. In Wirklichkeit wollte sie weder folgsam noch zärtlich sein. Sie hatte begriffen, daß die Mutter sich um so schuldiger und um so mehr zur Hilfeleistung verpflichtet fühlen würde, je härter sie mit ihr umging.

In einer anderen Familie, diesmal mit einem drogenabhängigen Sohn, brachte das Verhalten der Mutter den Jugendlichen dazu, seinen Vater abzulehnen. Sie drängte ihren Mann, den Jungen zu bestrafen, indem sie von ihren Sorgen um dessen Zukunft sprach, wenn er sich nicht ändere – wahrscheinlich aber mit dem Wunsch, das Bild der beschützenden und verständnisvollen Mutter zu bewahren. Bei anderen Gelegenheiten zeigte sich der Vater von seiner verführerischen Seite, um die «Sympathie» des Jungen zu gewinnen. Er gab sich gelassen, wenn Strenge angebracht gewesen wäre, und umgekehrt. Der Jugendliche fühlte sich maßlos beachtet und entwickelte ein überhöhtes Selbstbild: Er glaubte an die Magie seiner manchmal strafbaren Handlungen und an seine Fähigkeit, aufzuwiegeln und zu verführen, die er für eine furchtbare Waffe hielt. Warum also sollte er sich ändern?

Kleinere Kinder verlangen im allgemeinen Zärtlichkeit und Unterstützung. Wenn sie von ihren Eltern wie Erwachsene behandelt werden, fühlen sie sich desorientiert. Das Generationenverhältnis kehrt sich in ihrer Vorstellung um. Sie verlieren nicht nur jede Achtung vor den Eltern, sondern auch die für das spätere Leben so kostbare Sicherheit, die die Eltern ihnen geben könnten.

In den vorhergehenden Kapiteln haben wir zwei Formen des elterlichen Verhaltens betont, die ein Kind traumatisieren können: affektive Kälte und autoritäres Verhalten. Es gibt eine dritte Form, die ebenfalls unsere Aufmerksamkeit verdient: übermäßige Sinnlichkeit, die gefühlsmäßige oder perverse Wünsche der Eltern befriedigt. Es versteht sich von selbst, daß das Kind an diesem Prozeß aktiv Anteil nimmt. In den Familien von Drogensüchtigen sind alle drei Bewegungen am Werk. Die übersteigerte Sinnlichkeit verdeckt ein starkes Schuldgefühl.

Die Geschichte von Thierry, dem «Intellektuellen» der Tagesklinik

Im folgenden möchte ich den Fall eines psychotischen Patienten schildern, der jedesmal nach der Überwindung einer Krise zynische Verhaltensweisen an den Tag legte und sie dann lange beibehielt. In dieser Form begegnet der Kliniker gewöhnlich dem

Zynismus – ein Phänomen, das ihn dennoch überrascht, wenn nicht gar hilflos macht. Aber die Untersuchung des Zynismus in der Kunst des Regierens kann helfen, solche Verhaltensweisen besser zu verstehen, genau wie das Wissen um die Psychopathologie des Zynismus seine sozialen Bezüge erhellt.

Ich biete Thierry eine Therapie an, und recht bald erzählt er mir klar und zusammenhängend einen Teil seiner Geschichte, seinen ersten psychotischen Schub, seine Verfolgungsängste, seine Halluzinationen. Er hat mehrere Geschwister, insbesondere eine kleine Schwester, die kurz vor der Zeit geboren wurde, als seine Schwierigkeiten im Alter von achtzehn Jahren begannen. Um diese kleine Schwester scheint er sich so intensiv gekümmert zu haben, daß er in Rivalität mit seinen Eltern geriet, von denen er sagt, sie seien «unfähig, sie zu erziehen». So wurde er der Lehrmeister der Kleinen. Die Familie war empört, aber niemand konnte ihn bremsen. Er argumentierte gut, er hatte immer Recht. In dem Maße, in dem er sich mir offenbart, erwähnt er «Ungerechtigkeiten und Mißbrauch» seiner Lehrer und anderer Erwachsener. Er redet heftig, voller Spott über die Schwächen anderer, ihre Scheinheiligkeit, ihre Neigung zur Manipulation – lauter Versager, die ihn um seine Intelligenz beneiden. Man versteht seine Einsamkeit.

Als mir der geeignete Moment gekommen scheint, spreche ich sein Dominanzverhalten an, indem ich es zu relativieren versuche. Warum sollte man die Leute so beherrschen? Für diesen Typ von Patienten kann die Verleugnung eine Ersatzfunktion haben, die ihnen eine Art Zuflucht vor den aggressiven Trieben bietet, einen Schutz, der ihnen zu denken erlaubt; im Gefolge der Negation helfen die ersten Einsichten, das Äußere vom Inneren, das Imaginäre vom Realen zu unterscheiden und mit beiden zu arbeiten.

Seit Beginn der Therapie ernte ich nach jeder Sitzung die mitleidigen Blicke meiner Kollegen, die sich fragen, in welchem Zustand ich mich wohl befinden mag. Aber trotz der Schwierigkeiten gelingt es mir, mit Thierry über allerhand interessante Dinge zu reden: Ich lasse mich auf Diskussionen über die Politik oder die Geschichte ein. Oft ist er es, der die Initiative ergreift, und ich halte dagegen, wie in einer Auseinandersetzung unter Jugendlichen.

Eines Tages explodiert er. Dabei starrt er auf ein Bild an der Wand, das die Umrisse von zwei Gestalten zeigt. Es handelt sich um eine Zeichnung aus der Renaissance, eine Skizze. «Diese Gestalten bewegen sich», schreit er, «und Sie steuern das mit ihren Gedanken.» Ehe ich mich von der ersten Überraschung erholt habe, fährt er fort: «Jetzt passen Sie gut auf, was Sie mir antworten, Ihre Karriere steht auf dem Spiel.» Im Moment habe ich ihm fast geglaubt, so überzeugend wirkte er. Ich fühlte mich ertappt, wie vor Gericht gestellt. Sobald ich versuchte, etwas zu sagen, fiel er mir ins Wort, beschimpfte mich als «gestört» und warf mir vor, die Patienten auszunutzen. «Es macht den Eindruck, als wäre ich Ihnen sehr gefährlich geworden», brachte ich schließlich heraus. «Nun bewege ich schon Bilder. Was geht da vor? Halten Sie mich für allmächtig? Sie kritisieren mich, Sie stellen mich in Frage und heben mich zugleich in eine so hohe Position.» Etwas später fügte ich hinzu: «Mir scheint, Sie fühlen sich wie ein sehr wehrloses Kind, das große Angst hat, ich könnte diesen Zustand ausnutzen, wie Sie sich das von Erwachsenen so vorstellen.» Als er ging, hatte er sich einigermaßen entspannt, blieb aber der folgenden Sitzung fern.

Beim nächsten Treffen verlor er kein Wort über diese Episode. Ironisch lächelnd erzählte er mir seine kleinen Grausamkeiten der Woche. Er hatte jemandem ins Gesicht gesagt, er sähe aus wie ein verkappter Selbstmörder, und sicher würde er sich bald umbringen. Und einem anderen: «Da hast du dir eine schöne Freundin angelacht, paß nur auf, ich kenne sie, die ist lesbisch.» Er sah mir in die Augen:

«Sind Sie entsetzt?»

«Ich finde es bedauerlich, daß Sie Ihre psychologischen Kenntnisse für solche Aktionen gebrauchen. Macht Sie das glücklicher?»

«Ich habe Sie erschreckt, oder?»

«Eher widert mich das an. Welch eine Verschwendung.»

Schließlich gibt er zu:

«Der Typ nervt mich mit seinen dauernden Reden von seiner Freundin. Ich weiß nicht mehr, was ich machen soll, ich bin allein.»

Nach den Ferien sind große Veränderungen zu beobachten. Bei Thierry kommen Kindheitserinnerungen an die Oberfläche. Er und sein Vater sind allein zu Hause geblieben; sie hatten Gespräche wie nie zuvor, aber am Ende fühlte sich der junge Mann verunsichert, als er von seinem Vater wissen wollte, ob er glaube, daß er es schaffen werde. Der Vater habe eine zweifelnde Grimasse geschnitten ...

In einer anderen Sitzung spricht Thierry über die Mathematiker und ihren Hochmut, mit ihrem Wissen alles kontrollieren zu wollen. (Sein Vater ist Physiker.) Ihm zufolge betrifft das auch die Religion. All diese Leute suchen die Vollkommenheit. Das ist ein Fehler, ein Ding der Unmöglichkeit. Der Mensch ist vervollkommnungsfähig, aber nur selten. «Also unvollkommen?» werfe ich ein. Er geht zur Psychologie über, indem er Sprüche benutzt, die er in Zeitschriften gelesen haben muß. Sein Ziel, fügt er hinzu, bestehe darin, ihnen zu zeigen, daß ihre Macht illusorisch ist. Er will ihnen das Spiel verderben, sie auf ihre Ignoranz verweisen. «Verderben?» frage ich, «Wollen Sie, daß sie an sich zweifeln?» – «Damit sie sich nicht für vollkommen halten», antwortet er.

Ich spreche von seinen Verletzungen, den Zurückweisungen, die er empfindet, von seiner ins Lächerliche gezogenen, gekränkten Eigenliebe. Er scheint sich an den anderen rächen zu wollen.

In einem Traum – dem ersten, den er seit langer Zeit geträumt hat – befindet er sich in einem dicht bewachsenen, etwas verwilderten Garten. Er geht einen Weg, der lange nicht benutzt worden ist. Schließlich nimmt er eine Hacke, wühlt den Boden auf und entdeckt eine Truhe. Es ist ein Schatz. Niemand scheint zu wissen, daß er existiert. Er ist glücklich. In seinen Assoziationen erinnert ihn der verborgene Schatz an seine Familie, in der es viele verborgene Dinge gibt, insbesondere das Ende eines Großonkels, der einen Bankrott gemacht haben soll. Alle scheinen davon betroffen, und die Sache ist noch nicht überwunden. In einem zweiten Traum, den er später erzählt, ist er mit Freunden auf einem Rummelplatz, in einer Achterbahn. Die Aufregung ist groß, aber es macht Spaß. Als das Rad zum Stillstand kommt, verlesen die Animateure oder Aufpasser ein Urteil: «Jetzt werdet ihr hingerichtet, ihr habt alle Aids.» Das Fest ist aus. Thierry fragt sich, was es genau war, eine Achterbahn oder ein Karussell. Erst amüsiert man sich, und dann der Tod. Ich weise darauf hin, daß es seine Lust ist, die verurteilt zu werden scheint. Aber von wem? Von ihm selbst? Weil er sie mit anderen jungen Leuten geteilt hat? (Hat das Karussell nicht etwas mit Manipulation zu tun, und ist die Achterbahn nicht ein Symbol der sexuellen Begierde, die sich, ob homo- oder heterosexuell, wahrscheinlich mit Schuldgefühlen verbindet?) Trotz des Mißtrauens, das Thierry, wie er sagt, gegen seine Gefährten in der Klinik hegt, läßt er sich zu dem Gedanken hinreißen: «Wenn man zusammen feiert und richtig einen draufmacht, vergißt man das alles.»

In einer anderen Sitzung räumt er ein, daß er sich seit kurzem viel entspannter fühle, daß er etwas optimistischer geworden sei. Eine Erinnerung an die Schule fällt ihm ein, an seine Schwierigkeiten mit der Rechtschreibung. Er erinnert sich auch, wie er gelernt hat, seine Schnürsenkel zu binden. Es ist das erste Mal, daß er zugibt, etwas gelernt zu haben. Am liebsten möchte er ein Mörder werden, um herauszufinden, auf welche Weise man ein perfektes Verbrechen begeht. Er erklärt, wie er es anstellen könnte: den Todesstoß von vorn, den Todesstoß von hinten, usw. Beim Straftäter schätzt er die lange Vorbereitung, die zum Verbrechen führt. Solche Überlegungen sind für ihn eine lustvolle intellektuelle Übung, genau wie die Auseinandersetzungen mit mir. Sein eigentliches «Ding», sagt er, sei es, den anderen Schuldgefühle zu machen. Später wiederholt er, es sei ihm eine Freude, wenn die Leute sich schuldig fühlten. Auch die «Psychos» würde er gern überzeugen, daß sie für diesen Beruf einen Abgrund an Schuldgefühlen brauchen.

Eine Zeitlang herrschen nihilistische Reden vor. Ich frage, ob er sich enttäuscht fühle. Daraufhin spricht er von der «Liebesillusion» bei Corneille. «Wissen Sie, das Problem ist, daß jeder jemand liebt, der ihn nicht liebt.» Dieser Art sind die intellektuellen Spiele, die er vorzugsweise mit mir teilt. Er lacht über seinen guten Einfall. «Ich wünschte mir so sehr, ein argloser Mensch zu werden», fügt er hinzu. Das alles belastet ihn und ist sehr schwierig.

Was lehrt uns der Zynismus?

Man hört oft, Zynismus sei eine Art zu reden, eine Ausdrucksweise. In Wirklichkeit ist er eine Einstellung, ein tief im Ich verankertes Verhalten. Manchmal gilt er als unvermittelt scharfsinnig, fast spritzig oder amüsant, auch wenn niemand seine Bösartigkeit bestreitet. Dennoch ist der Zynismus kein Zufallsprodukt, sondern das Werk eines berechnenden Geistes, der sich seiner im Rahmen einer Machtstrategie bedient. Kein Wunder also, daß man ihn für «sehr nützlich» hält, nicht nur in der Politik, sondern auch in illegalen Gruppen, in Sekten oder in verzweifelten Familien. Unter diesem Aspekt erscheinen mir die klinischen Erfahrungen, bei denen Patienten im Zuge einer Therapie ihren Haß bloßlegen, besonders aufschlußreich.

Der Zyniker verwendet seine ganze Intelligenz darauf, das Böse zu entschuldigen. Diese Unterwanderung der Logik verträgt sich nicht mit der üblichen Sicht der Dinge, der zufolge Denken und Reden edle Tugenden sind oder wenigstens sein sollten. Schon Äsop, dem es gelang, sein niedriges Sklavendasein in Weltberühmtheit zu verwandeln – wer kennt heute noch den Namen seines Herrn? –, hat es in aller Deutlichkeit gesagt: Die Sprache dient mit derselben Wendigkeit, die Wahrheit zu verkünden und Lügen zu verbreiten.

5. Der Masochist

oder

Wie man es anstellt, immer zu leiden

Die schönste Ehre, die man einem Lehrer wie dem argentinischen Psychoanalytiker Enrique Pichón Riviere erweisen kann, besteht darin, in Erinnerung zu rufen, was er uns an Visionen hinterlassen hat.[1] Heute, mehr als zwanzig Jahre nach seinem Tod, kann man den Scharfsinn würdigen, mit dem er die Bedeutung mancher Probleme vorausgesehen und Ideen angeregt hat, die unser Denken immer noch befruchten. Vor allem hat er gezeigt, daß ein Masochist nicht vorstellbar ist, ohne daß ein Sadist Macht über ihn ausübt, ihn erniedrigt und sich auf seine Kosten Lust verschafft, indem er ihm körperlichen und moralischen Schmerz zufügt. Alles liegt in der Beziehung.

Der Masochismus in der Beziehung

Schon lange vor Pichón Riviere hat Freud die Perversion in den Rahmen der Intersubjektivität gestellt.[2] In seiner Untersuchung über Triebschicksale legt er dar, daß die Wendung eines Partialtriebs gegen die eigene Person – seine höchste Erfüllung – von der Einwirkung abhängt, die ein anderer in der Phantasie oder in der Wirklichkeit auf ihn ausübt.[3] Im Hinblick auf die sadomasochistischen Triebe sind drei psychische Entwicklungen möglich:
- Der Sadismus des einen bestimmt und gestaltet den Masochismus des anderen Individuums; die Lust des ersten erregt die Lust des zweiten.
- Der Sadismus beflügelt die Phantasie, weil sich im Unbewußten des Individuums neue imaginäre Figuren und Positionen bilden. Schon in der frühen Kindheit hatte es seiner Vorstellungskraft freien Lauf gelassen, als es ganz am Anfang seiner Triebaktivität, von sadistischen Wünschen gegenüber anderen

erfüllt, gespürt hatte, wie sehr der andere unter seinen Mißhandlungen litt. Damals hat das Individuum zum ersten Mal
erkannt, was Schmerz bedeuten und bewirken kann.

– Der Begriff des Subjekts wird durch die Wendung des Triebes
gegen die eigene Person gestärkt. «*Ich* empfinde Lust durch
den Sadismus des Objekts.» «*Ich* selber stelle mir gewisse Dinge vor.» Sobald der unbewußte Masochismus in einer Beziehung erlebt wird, das heißt, sobald das triebhafte masochistische Begehren auf ein Objekt, eine Person trifft, die es mit
sadistischem Begehren erwidert, tut das Subjekt einen neuen
Schritt zur «Subjektivierung». Die Bindung ermöglicht also
eine andere Stufe der Integration.

Nach Pichón Riviere muß man jede Bindung als ein Dreieck denken: Rein äußerlich sind nur zwei beteiligt, aber unbewußt ist ein
Dritter gegenwärtig.

Dazu einige Bemerkungen. Sofern es um Partialtriebe geht,
liegt auf der Hand, daß sie im Rahmen der Beziehung zu betrachten sind. Aber wir müssen uns fragen, ob andere Triebschicksale
den gleichen Verknüpfungen folgen. Ich neige zu der Annahme,
daß die Vorstellung, die sich ein Masochist vom sadistischen Verhalten macht, nichts mit dem Verhalten zu tun hat, das ein Sadist
in die Tat umsetzt. Wenn Freud von Phantasien spricht, müßte die
Bezugnahme auf klinische Manifestationen der Perversion rein
metaphorisch verstanden werden. Sein Aufsatz «Ein Kind wird
geschlagen» ist insoweit nicht ganz schlüssig, als er eine Theorie
der klinischen Perversion, also eine Theorie des Handelns begründen will, indem er sich ausschließlich auf die Phantasie beruft.[4]

Aber so berechtigt dieser Einwand sein mag, trifft er doch nur
teilweise zu. Beim Masochisten hat die Phantasie einen wesentlichen Anteil an der Perversion, um so mehr, als ihr die sexuelle
Abstinenz durch die Unbefriedigtheit eine zusätzliche Quelle der
Lust bietet. Das Ziel, das Freud sich gesetzt hat, besteht übrigens
in der Erklärung unserer Entwicklung aus dem, was wir an der
Basis besitzen: einen reißenden Strom unsinniger, wilder Kräfte.
Doch am Ende stellt er die Frage auf den Kopf, da der in die Vorstellung umgesetzte Masochismus uns hilft, das Leben zu bewältigen. In späteren Arbeiten sagt Freud, daß dieser Vorgang
dem Subjekt erlaube, seinen Todestrieb zu bändigen, der zur Ver-
einigung mit dem Eros drängt. Der Masochismus erscheint hier

als ein Kompromiß. Gilles Deleuze betont das unterschiedliche Gebaren des Sadisten und des Masochisten: Während der erste impulsiv auftritt, wirkt der zweite verträumt, wenn nicht gar schwärmerisch.[5]

Bindung bedeutet weder Gleichartigkeit noch Übereinstimmung der beiden Protagonisten, die in Beziehung zueinander stehen, sondern eine Verknüpfung von Möglichkeiten, Phantasien und Verhaltensweisen, deren Inhalt ganz verschieden sein kann und in der Regel auch sehr verschieden ist. Es ist falsch, wie manche Gruppentherapeuten zu glauben, die übergreifende Subjektivität der Gruppe umfasse die Identität der einzelnen. Der «Synkretismus» – ein Begriff, den José Bleger eingeführt hat, um die elementarsten Schichten der Gruppenprozesse zu bezeichnen – stellt nur eine bestimmte Ebene dar.[6]

Zusammenfassend kann man sagen, daß jedes Subjekt auf seine Weise Position zu einem anderen bezieht, aber niemand sich aus der Beziehung herausnehmen kann. Das theoretisch Neue daran läßt sich wie folgt formulieren: Solange jemand die Abhängigkeit seines Verhaltens von der Beziehung zum anderen leugnet, wird es ihm paradoxerweise nicht gelingen, sich zu «subjektivieren», das heißt, er selbst zu werden, seine eigene Welt aufzubauen und von der Beziehung zu profitieren.

Drei Formen des Masochismus nach Freud

Bei der masochistischen Perversion gelangt die Person nicht zur sexuellen Lust, ohne einen körperlichen Schmerz zu empfinden, der ihr auf eine Weise zugefügt wird, die sie selbst bestimmen kann. Das ist es, was man im allgemeinen unter Masochismus versteht. Freud schlägt jedoch vor, mehrere Formen von Masochismus zu unterscheiden, die sich nicht alle direkt aus der Sexualität ergeben. Seine Einteilung in einen sexuellen, einen moralischen und einen femininen Masochismus ist bis heute gültig und ausgesprochen nützlich für die klinische und metapsychologische Betrachtung.[7] Diesen Formen des Masochismus wollen wir drei Formen des Sadismus gegenüberstellen: einen sexuellen Sadismus, einen moralischen Sadismus und einen ... hier haben wir ein Problem ... «maskulinen» Sadismus natürlich, der sich als «aktiv» und «dominant» beschreiben ließe, auch wenn diese beiden

Eigenschaften das Männliche nicht vollständig abdecken. (Nebenbei gesagt, erfolgt der «Ausschluß» des Dritten für Pichón Riviere nur auf der deskriptiven Ebene, weil der Dritte immer in Erscheinung tritt.) Wie dem auch sei, die größten Hürden enthält der Begriff des femininen Masochismus: seine Verbindung zur Kastration, zum Liebesverlust und sein Vorhandensein bei beiden Geschlechtern.

Hinter der allzu pädagogischen Darstellung bei Freud ist festzustellen, daß sich die drei genannten Formen des Masochismus keineswegs entsprechen. Sie gehören verschiedenen Welten an. Wenn Freud in Hinblick auf den sexuellen und den moralischen Masochismus von klinisch bestimmbaren Formen spricht, wissen wir, womit wir es zu tun haben. Aber der feminine Masochismus? Ist er eine klinische Form oder eine natürliche Neigung? Vielleicht handelt es sich nur um eine durch die Scheuklappen der traditionellen Moral verstellte Sichtweise. In der griechischen Sage erscheint die Haltung der Penelope als Prototyp dessen, was die Gesellschaft vom weiblichen Geschlecht erwartet: eine in Treue ergebene Frau, die zwanzig Jahre auf ihren Mann wartet, statt die Gelegenheiten zu nutzen, die ihr ihre Freier bieten.

Der feminine Masochismus

Als Freud 1924 seinen Text schrieb, muß er die jüngste Ausgabe der *Psychopathia sexualis* von Krafft-Ebing in der Hand gehabt haben, die, von A. Moll auf den neuesten Stand gebracht, im Vorjahr erschienen war.[8] Hier wird ziemlich kategorisch und ohne Umschweife erklärt, das häufigere Auftreten des sexuellen Masochismus bei der Frau sei ihrer erotischen Veranlagung zu danken, ihrer Neigung zur «Unterordnung» und zur «Unterwürfigkeit». Genau so will sie der Mann. Das Ritual der Liebeswerbung, bei dem sie sich begehren lassen darf, sei eine Auszeichnung der Frau, ehe sie sich dem Mann hingibt. Letztlich stelle es die Widerstandsfähigkeit und die Stärke des Mannes auf die Probe, der seine «Macht» enthüllt, während sich die Frau, wissend, mit wem sie es zu tun hat, in Untertänigkeit ergibt. Für Moll und Krafft-Ebing besteht ein typisch weiblicher Zug in der Suche nach Qualen, die sie sich aus Verzicht zufügt. Als typisch für die Frau werden außerdem das Eingeständnis ihrer Fehler im Ehestreit, ihre Abhängigkeit und «die Schwierigkeit der vollständigen Entladung» ihrer Sexualspannung erwähnt. Ich weiß nicht, ob die beiden letzten Merkmale in den Augen dieser Autoren der Ursprung aller anderen Charakterzüge oder lediglich Beobachtungen sind.

Es wäre jedoch schade, darum auf die Nutzlosigkeit der Idee vom femininen Masochismus zu schließen. Ich möchte zeigen, inwiefern sie heute noch von Interesse sein kann, indem ich die beiden Ebenen heranziehe, auf denen wir uns gewöhnlich mit dem Masochismus auseinandersetzen: die Klinik und die Metapsychologie. Die erste befaßt sich mit der Krankheit, während die zweite den «normalen» Lauf einer Neigung verfolgt, die bei jedermann auftritt.

Pichón Riviere führt die Prostituierte als Beispiel für den femininen Masochismus an, ohne in seinen Vorlesungen genauer darauf einzugehen.[9] Warum wählt er ausgerechnet dieses pathologische Beispiel, wo die Prostituierte doch in einer Situation des moralischen Masochismus lebt: ständig in Gefahr, gewalttätigen, unangenehmen Männern zu begegnen, die sie verachten oder beim Geschlechtsverkehr Krankheiten auf sie übertragen, an den Rand der Gesellschaft gedrängt und manchmal von sexuellem Masochismus geleitet? Die Prostituierte empfindet es als Lust, daß sie sexuell keine Erregung spürt, daß der Kunde ein ohnmächtiger Eindringling ist, unfähig, eine Frau zu verführen. Die karikaturistische Abhängigkeit vom Zuhälter fällt in den Bereich des moralischen Masochismus: Oft kommt es wegen Mißhandlungen zum Bruch oder zur Flucht.

Ich denke, der feminine Masochismus äußert sich hier in der Wahl einer marginalen Sexualität, in der sich das Geschlecht als allmächtig darstellt. Pichón Riviere weist auf die Revolte gegen die Familie hin. Die weibliche Passivität tritt als ein Emblem hervor; das Geschlecht als ein Gebrauchsobjekt, das mit der Gabe des Geldes erfreut. Auch der Verzicht auf die Lust, die doch zur Verfügung stünde (die Begierde des Kunden), erscheint als ein wesentlicher Zug dieses femininen Masochismus.

Aber warum sollte eine Frau alle erotischen Gelegenheiten, die sich ihr bieten, unterschiedslos «nutzen», ohne sich Ablehnung oder gar Ekel zu erlauben?

Freud zufolge manifestiert sich der feminine Masochismus in Situationen, die für die Weiblichkeit charakteristisch sind. Nehmen wir das Beispiel unfruchtbarer Frauen, die alles daransetzen, ein Kind zu bekommen, oft um den Preis großer Opfer, schmerzhafter Untersuchungsprozeduren, kräftezehrender Operationen – und wenn keine der Methoden etwas bringt, versuchen sie es noch einmal. So scheint sich der Verlust ihres Gleichgewichts in ihren eigenen Augen zu rechtfertigen. Das Zusammenleben mit dem Ehepartner leidet darunter. Alles dreht sich um einen manchmal winzigen Schimmer Hoffnung. Die neuen Methoden der künstlichen Befruchtung, die sehr hilfreich sein können, lassen das ganze Ausmaß des Problems erkennen. Der Anteil des Masochismus ist darum nicht weniger rätselhaft. Geht es um den Wunsch, eine Depression zu lindern, um das Bedürfnis, sich selbst wiederherzustellen oder die Mutter zu trösten, die von der Frau verlassen worden ist, um ihre Liebe einem Mann zu schenken?

Vom sexuellen zum femininen Masochismus

Die Behandlung einer Patientin, von der ich hier berichten möchte, liegt gut zehn Jahre zurück. Aus einem ursprünglich sexuellen Masochismus haben sich in diesem Fall offenbar andere, hauptsächlich feminine Formen des Masochismus entwickelt. Als Valérie das erste Mal zu mir kam, wirkte sie desorientiert, erloschen, fast leblos. Die Art, wie sie mir ihren Lebensweg erzählte, war sehr allgemein, etwas abstrakt und ziemlich unbeteiligt. Doch sobald die Therapie begonnen hatte, tauchte sie allmählich auf. Sie erklärte, daß ihr Freund, der immer die Initiative ergriff, wenn sie miteinander schliefen, jedesmal ein langes Ritual von Beschimpfungen, Schlägen und tausenderlei Erniedrigungen über sie ergehen ließ. Die Angst, die sie dabei empfand, gab ihr jedoch das Gefühl, zu neuem Leben zu erwachen: Es floß wieder Blut in ihren Adern. Am Ende, nach so viel Grausamkeit, reichte ein einziges zärtliches Wort aus dem Munde ihres Freundes, um ihr großes Wohlbehagen und Ruhe zu bereiten. Sie erlebte es als ein Geschenk.

Die Brutalität dieser Beziehung zeigte sich auch in anderen, nicht sexuellen Bereichen, obwohl ihr Freund verstanden hatte, daß sie ihr Leben ändern mußte: Er bezahlte ihr das Studium, das sie mit vierzig Jahren wieder aufgenommen hatte. Doch abgesehen von dem Alltäglichen lastete ein Problem auf dieser Frau: Die

Zeit verging, und sie fürchtete, zu alt zu werden, um Kinder zu bekommen. Also beschloß sie, schwanger zu werden, obwohl ihr Freund strikt dagegen war – eine eklatante Manifestation femininen Masochismus.

Da ihr Freund kein Kind wollte – jetzt verstand ich, warum es bei ihren sadomasochistischen Liebesspielen fast nie zur Penetration gekommen war – und Valérie bezweifelte, ob er mit seinen über sechzig Jahren «überhaupt noch fruchtbar» war, schlief sie in der Mitte ihres Zyklus mit einem anderen und, «für alle Fälle», am nächsten Tag mit ihrem Freund. Ich wurde in die Machenschaften eingeweiht, als sie mir ihre Schwangerschaft bestätigte. Daß sie nun selbst nicht wußte, wer eigentlich der Vater war, begann sie zu amüsieren. Sie setzte ihre Lügengeschichten fort, indem sie jedem der beiden Liebhaber versicherte, daß er «der wahre Vater» sei. Trotzdem verlangte ihr Freund, der sicher Verdacht geschöpft hatte, sie solle abtreiben. Als sie dazu nicht bereit war, brach er die Beziehung ab. Sie blieb allein, ohne Einkünfte, und mußte die Therapie aufgeben. Ich weiß bis heute nicht, was aus ihr geworden ist und wem das Kind ähnlich sieht.

Dieser Fall wirft einige Fragen auf. Warum hat die Bestätigung ihrer Weiblichkeit bei dieser Frau dazu geführt, daß alles aus dem Gleichgewicht geriet, daß sie jede Sicherheit verlor? Konnte ihre Selbstverwirklichung als Frau nur in so krassem Gegensatz zur Verteidigung ihrer persönlichen, lebenswichtigen Interessen erfolgen? Geht hier der erotische Lustgewinn von einem sexuellen Masochismus auf einen femininen Masochismus über? Wenn dieser Gedanke richtig ist, möchte ich zwei Hypothesen aufstellen, eine, die den besonderen Fall betrifft, und eine allgemeinere. In bezug auf meine Patientin halte ich es für denkbar, daß die Übertragungssituation, das heißt die Verbindung ihres Unbewußten mit dem Analytiker, ihren unbändigen Wunsch nach Mutterschaft und Weiblichkeit verstärkt hat. Der allgemeinere Aspekt ist der, daß man von einer perversen Persönlichkeit nicht erwarten kann, sie wäre in der Lage, sich zu ändern und ihre Mechanismen durch ein anderes, neurotisches oder normales Verhalten zu ersetzen. Vielmehr erfolgt ein innerer Wandel, bei dem eine Perversion in eine andere übergeht.

Ein Funke femininer Masochismus bei beiden Geschlechtern

Der feminine Masochismus zeichnet sich bei Frauen wie bei Männern dadurch aus, daß die Quelle der Lust in der Verinnerlichung besteht, in der psychischen Durchdringung mit der Botschaft eines anderen, dem wir Gelegenheit geben, unseren Geist zu befruchten und die Botschaft in uns zu bewahren – ein Vorgang, der starke Erregung, wenn nicht gar Verwirrung auslösen kann. Diese genitale Metapher scheint mir komplementär zur Verdauungsmetapher, die Bion gebraucht, um die Rolle der Einverleibung hervorzuheben, oder auch dem Bild des Stoffwechsels bei der Aktivität höherer Denkfunktionen. Indem ich den femininen Masochismus hier zur Metapher erhebe, will ich ausdrücklich den Unterschied zwischen den Geschlechtern betonen, ihre Komplementarität, das Wirken unserer maskulinen und femininen Anteile: eine Konfrontation von Männlichkeit und Weiblichkeit, die in uns arbeitet und uns stimuliert. Im übrigen scheint der feminine Masochismus vom weiblichen Wesen – auch dies im metaphorischen Sinne – vor allem eines zu bewahren: die Furcht, das Liebesobjekt könnte uns verlassen. Freud nimmt an, daß die Frau ihre sexuelle Unfähigkeit, ihre Kastration, als eine Verlassenheitsangst erlebt.

Der moralische Masochismus

«Als typisch masochistische Charakterzüge», schreibt Wilhelm Reich, «treten in Erscheinung: subjektiv ein chronisches Gefühl des *Leidens*, das sich, objektiv besonders hervortretend, als *Neigung zum Klagen* kundgibt; ferner gehören zum Bilde des masochistischen Charakters chronische Neigungen zur *Selbstschädigung* und zur *Selbsterniedrigung* (‹moralischer Masochismus›) und eine intensive *Quälsucht*, unter der der Betreffende nicht minder leidet als sein Objekt.»[10] Im Gegensatz zur üblichen Meinung, der Charakterperverse besitze kein moralisches Gewissen, scheint der Masochist das Gesetz zu achten, denn er hat die Gewohnheit, sich bittere Vorwürfe zu machen. Die Freudsche Analyse des «Rattenmanns» und seine Studie über Dostojewskij klären diesen Vorgang auf: Obwohl der Masochist sich Selbstvorwürfe macht, um sich von seinen Schuldgefühlen zu entlasten, veranlaßt ihn das nicht zur Änderung seines Verhaltens. Er findet eine Befriedigung in der Selbstbezichtigung, das ist alles. Erleichtert wiederholt er – anders, als man es erwarten könnte – die häßliche Tat, die er sich soeben vorgeworfen hat, und das Spiel der Selbstbeschuldigung beginnt von vorn. Darin ist die ganze Lust enthalten.[11]

Im Liebesleben verbindet sich das Streben nach Erniedrigung manchmal mit dem Gefühl, der andere repräsentiere das Gesetz. Hier wird das väterliche Über-Ich als sadistisch erlebt – eine Formation, die um so merkwürdiger ausfallen kann, als manchmal die Frau gebeten wird, die Rolle des strafenden Über-Ich zu spielen.

Masochistische Züge sind auch bei Neurotikern, insbesondere bei Zwangsneurotikern zu beobachten. Außerdem besteht eine enge Beziehung zwischen Depression und Masochismus. Wenn ein Depressiver anfängt, masochistische Haltungen einzunehmen, kann man dies als Zeichen einer günstigen Entwicklung werten, weil er sein Unwohlsein mit Gefühlen füllt. Der moralische Masochismus gehört zu den Verhaltensweisen der sexuell Perversen, der Exhibitionisten, der Fetischisten und natürlich der sexuellen Masochisten.

Ich habe masochistische Patienten erlebt, die auf dem Weg der Besserung einen humoristischen Blick auf ihr Leben warfen: Sie spotten gern über sich selbst.

Für einen psychosozialen Masochismus

Meiner Ansicht nach drückt sich eine vierte Form des Masochismus in dem Bestreben aus, Rollen einzunehmen, die der eigenen gesellschaftlichen Stellung nicht entsprechen, die das Subjekt aber wie eine Zwangsmaßnahme akzeptiert. Das erste Beispiel dieser Art ist der österreichische Adlige Leopold von Sacher-Masoch, der sich der Frau, die er liebte, als Sklave anbot. Er verpflichtete sich, ihr zu dienen, für sie zu arbeiten, ihre Bedürfnisse und Gelüste zu befriedigen, ihre Befehle auszuführen, ihr alle Wonnen der Welt zu verschaffen, ohne die geringste für sich selbst zu erhoffen, und ihre Ermahnungen oder Züchtigungen widerspruchslos hinzunehmen. Sie sollte ihn foltern dürfen bis zum Tod, wenn sie es für nötig hielt.

Die Entbehrungen und Verstümmelungen sollten nie Gegenstand einer Klage sein. In einem Punkt des Vertrags, den er mit Wanda von Dunajew schloß, heißt es, der Sklave müsse verzichten, er selbst zu sein, und dürfe «über keinen Willen mehr verfügen».

Das «Dienern», die zwanghafte Verrichtung der niedrigsten Aufgaben, geht in die gleiche Richtung. Krafft-Ebing beschreibt in einer seiner Beobachtungen die Lust eines jungen Angestellten, die Schuhe des gesamten Personals und der vorwiegend weiblichen Bewohner einer Institution zu putzen.[12] Es fällt auf, daß diese psychosozialen Masochisten sich mit Vorliebe um den Körper, die Kleidung oder andere Dinge ihrer Partnerin und Herrin kümmern – eine Fährte, die es lohnt, im Alltagsleben zu verfolgen.

In anderen Fällen identifiziert sich der Masochist mit Haustieren. Er bewundert die Art, wie der Herr sie seinem Willen beugt und wie das Tier seine Lage erträgt, sich Quälereien oder Drohungen gefallen läßt und Züchtigungen schnell vergißt. Das Tier ist ein idealer Diener. Seine Zähmung scheint eines der vollkommensten Werke der Zivilisation zu sein. In Therapien werden am häufigsten das Pferd und der Hund erwähnt. Der Patient empfindet es als höchste Lust, sich wie ein Pferd anschirren zu lassen, geritten und gepeitscht zu werden, während er die Bewegungen und das Wiehern des Tieres nachahmt. Auch Ledersachen sind beliebt, besonders Stiefel, möglichst mit Metallverzierung oder glänzenden Sporen. Bei manchen Masochisten reproduziert das «Esel spielen» die Wartehaltung – insbesondere gegenüber dem Liebesobjekt –, in der er mit vorgetäuschter Einfalt die Ablehnung oder den Widerwillen des anderen zu ignorieren versucht.

Moralischer und psychosozialer Masochismus gehen oft Hand in Hand, wie in diesen Beispielen, können aber auch isoliert auftreten. Beim psychosozialen Masochismus handelt es sich um eine krankhaft übertriebene Unterwürfigkeit, von der das Subjekt glaubt, sie würde in einem bestimmten sozialen und institutionellen Kontext von ihm verlangt. Wie viele Menschen kennen wir nicht, die jedes Opfer bringen, um einem Ideal zu dienen, um in einen Freundeskreis, einen Berufsverband oder ein Unternehmen aufgenommen zu werden! Wie sollten wir ohne die Vorstellung von einem spezifischen psychosozialen Masochismus die Mechanismen erkennen, die bei einem «vorbildlichen Angestellten» oder einem aus Strafbedürfnis immer zu Streichen aufgelegter Schüler am Werk sind?

Damit rückt der Aspekt der Unterdrückung des authentischen Wesens, seiner Wünsche und seiner Ambitionen in den Vordergrund, das Problem des Selbstverzichts, um sich in den Dienst des anderen zu stellen. Beim sexuellen Masochismus hätte die Identifizierung mit dem Sklaven oder Haustier keine Grundlage, wenn die Dienstbarmachung bestimmter Menschen oder Tiere nicht von unserer Kultur verlangt würde.

Meines Erachtens weist das falsche Selbst große Ähnlichkeit mit den Mechanismen des psychosozialen Masochismus auf, aber die Unlust ist bei ihm vollständig erstickt. Ferenczi war wohl der erste, der auf solche Fälle hingewiesen hat: Er spricht von dem Kind, das als Antwort auf die Strenge oder die Täuschungen seiner Eltern die Haltung eines Erwachsenen annehmen muß.[13] Dann folgten die Untersuchungen von Helene Deutsch, die Studien über aufgesetzte, hypernormale, überangepaßte, künstliche Persönlichkeiten, den Dandy und den Mann von Welt.[14]

Das alles erinnert an den Zusammenhang zwischen Unterwerfung und Nachahmung. Bei der Indoktrinierung ist beides gegeben, etwa im Fall von Sektenanhängern, die oft nicht wissen, was bei ihrem Engagement für sie auf dem Spiel steht. Sie erklären es uns, wenn es ihnen gelingt, sich von den psychischen Fesseln ihres Gurus zu befreien.

Sind wir alle «maso»?

Ist nicht jede psychische Aktivität von einer Spur Masochismus gezeichnet? Nach den ökonomischen Prinzipien der Lust und der Konstanz befreien die Abfuhrmechanismen das Subjekt von der in ihm angestauten Spannung. Durch die Entladung finden wir zur Lust zurück. Aber woher sollte der psychische Apparat die Energie nehmen, Phantasien auszubilden, zu denken oder mit dem anderen zu spielen, wenn nicht ein Teil der Spannung in ihm zurückbliebe? Wir müssen uns also damit abfinden, daß die Entladung nie vollständig ist, daß wir einen störenden Rest an Energie in uns bewahren. Wir begnügen uns damit, unsere psychische Arbeit zu genießen, aber immer mit einem gewissen Masochismus. Ein Beispiel ist das Nebeneinander der libidinösen Erregung in verschiedenen Bereichen oder Instanzen des psychischen Apparats, das dazu führt, daß unsere Denkvorgänge zugleich Lust und Leiden in uns auslösen.

Das Handeln des anderen ist für das Subjekt notwendig traumatisch. Die erziehenden Eltern brechen in die Seelenwelt erst des Säuglings, dann des Kindes ein: Sie lenken, bremsen, rufen Kummer, ja sogar Schmerz hervor. Der Erwachsene besitzt eine Überdosis Phantasien. Seine Botschaften sind willkürlich, weil von seinem eigenen Unbewußten, seiner Erotik, seinen Identifikationen, seinen Urphantasien beeinflußt. Ohne es zu wissen, zwingt der Erwachsene dem Kind seinen Willen auf, obwohl er sich ihm mit der größten Elternliebe zuzuwenden scheint. Er ist intrinsisch pervers, wenn er das Kind anzieht, betört und an die Sexualität heranführt. Er ist autoritär, wenn er verbietet.[15] Im Augenblick der Geburt bittet das kleine Wesen niemanden, seine Natur zu ändern. Aber die Zivilisation will es so. Die Ausbildung der Persönlichkeit setzt ein gewisses Maß an Bemächtigung und Sadismus voraus, einen Mißbrauch unter dem Vorwand der Notwendigkeit.

Später kommt es dann zum Kampf zwischen dem Allgemeingültigen und dem Egozentrismus des Erziehers, der sich mit Pygmalion identifiziert und es manchmal dazu bringen möchte, daß der Schüler ihn in seinem eigenen Geist verehrt. Das Vorhaben des Erziehers beruht auf der Voraussetzung, daß der Schüler aus einem Rohstoff besteht, dem eine Form gegeben werden muß, das heißt eine Bildung. Sagt man nicht, «den Geist schmieden»? Der Schüler muß sich unterwerfen, seine erniedrigte Stellung akzeptieren. Das Gleiche findet man beim Initiationsritual der sogenannten primitiven Völker: Um erwachsen zu werden, muß der Jugendliche (die Mädchen sind im allgemeinen nicht betroffen) Entbehrungen, Hunger, Durst, Demütigungen, Verletzungen, eingeschlagene Zähne und gebrochene Knochen akzeptieren. Damit sind wir nicht mehr weit von Freuds Thesen über das Unbehagen entfernt, das die Kultur durch ihre Einschränkungen einflößt.[16] Der psychosoziale Masochismus ist zweifellos universell und unvermeidlich. Er ist der Preis für unsere Menschwerdung. Aber vielleicht ist meine Sicht etwas zu pessimistisch.

Woran man einen Masochisten erkennt

Unter dem äußeren Schein der Fügsamkeit und Zurückhaltung droht jeder Masochist ein Wesen zu verbergen, das zu den schlimmsten Wutausbrüchen neigt, ja sogar hemmungslose Zerstörungskraft entfalten kann, eine Fähigkeit zu schaden, die um so gefährlicher ist, als man sie nicht vermutet. Ein Grund mehr, sein Gesicht zu entlarven.

Ein Masochist ist jemand, der sich beklagt, nur Unglück erlebt zu haben. Ein Pechvogel. Immer hat man ihm schmutzige Streiche gespielt. Sein Leben ist ein langer Strom von Mißerfolgen. Jeder nutzt ihn aus. Niemand sagt ihm danke. Dennoch findet er Entschuldigungen für all die, die so hart, so unerbittlich und skrupellos mit ihm umgesprungen sind. Er sagt nicht zwangsläufig, daß er es liebt, verachtet, bestraft oder zurückgestoßen zu werden.

Im übrigen sieht er sich kaum imstande, erfreuliche Momente auszukosten. Wenn er Erfolg hat, ist er unzufrieden. Manchmal wird er zornig oder ärgerlich. Dann heißt es: Aufgepaßt – vielleicht ist er nur auf der Suche nach einer Abmahnung. Vermeiden Sie also tunlichst, ihm zu sagen, er sehe gut aus oder mache gut, was er gerade tut: Bestenfalls wird er versuchen, Ihnen das Gegenteil zu beweisen; schlimmstenfalls wird er Sie hassen.

Die Probe: Bringen Sie ihm ein wirklich sehr schönes und kostbares Geschenk. Er wird sagen: «Das wäre nicht nötig gewesen.» Eine häufige Antwort, gewiß – aber mit dem Unterschied, daß der Masochist es tatsächlich denkt, ohne falsche Bescheidenheit. Er leidet darunter. Der Beweis: Es wird nicht lange dauern, bis das Geschenk rein zufällig beschädigt wird oder zerbricht.

6. Der Psychopath

oder

Wie man die Liebe stiehlt

Im Unterschied zu den weniger auffälligen Scheusalen, denen wir bisher begegnet sind, kann man den Eindruck gewinnen, der Psychopath wäre uns bestens vertraut: In Zeitungen, im Fernsehen, in der Literatur und im Kino ist ständig von ihm die Rede. Die Psychopathie ist ein Kassenschlager, wie man es am Erfolg mancher Romane von Patricia Cornwell oder James Ellroy, an Titeln wie *In der Tiefe der Nacht* oder *Das Schweigen der Lämmer* sieht. Die Sache wird tragisch, wenn Jugendliche die Verbrechen, die sie auf dem Bildschirm sehen, in der Wirklichkeit nachahmen, wenn sie mit Methoden Selbstmord begehen, die sie in Romanen oder einschlägigen Büchern gefunden haben, oder wenn Kinder kaltblütig einen ihrer Klassenkameraden töten. Wie erklärt sich diese Faszination? Sollte die tödliche Gewalt in jedem von uns schlummern? Warum dieses Ausmaß an öffentlicher Neugierde?

Es ist anzunehmen, daß unsere Zivilisation auf dem Boden der Gewalt beruht. Nach und nach haben die Regeln des menschlichen Zusammenlebens und der Moral dafür gesorgt, alles unter Kontrolle zu bringen, was dem Gesellschaftsspiel zuwiderlief. Man sieht es sogar bei unseren nächsten biologischen Vorfahren, den Affen: Sobald der Kampf um ein Weibchen oder ein Revier entschieden ist, deutet der Sieger tröstende Gesten gegenüber dem Besiegten an. Unseren Gewalttaten folgen Ausbrüche von Schuldgefühlen, manchmal sogar Opfer. Die Moral ist die unverhüllte Seite dessen, von dem wir immer fürchten, es könnte an die Oberfläche dringen: unser amoralisches Wesen.

Was ist ein Psychopath?

Der Psychopath, die impulsive oder antisoziale Persönlichkeit, füllt die Chronik der Gewaltverbrechen, aber das ist nur ein

Ausschnitt des Problems. Kriminalität ist der äußerste Ausweg. Charakteristisch für die psychopathische Persönlichkeit ist das impulsive Ausagieren, oft in Reaktion auf eine schlecht ertragene Frustration, und ohne daß Schuldgefühle folgen. Handeln ist die Lebenswelt des Psychopathen, auf Kosten des Fühlens und Denkens, die bei ihm verarmt sind. Die Tat hat jedesmal die gleichen Merkmale: Sie ist plötzlich, brutal, begleitet von Schreien und anderen Heftigkeiten. Es gibt kaum einen Abstand zwischen dem Trieb und seinem Ausdruck im Verhalten, ohne hinreichende Umsetzung in Sprache und Symbole, um eine Abklärung zu erlauben. Tatsächlich versucht der Psychopath, sich von einer inneren Spannung zu befreien, die ihn seit der Kindheit verfolgt, und die Motorik bietet ihm die Möglichkeit einer unmittelbaren Entladung. Dennoch kann man Provokationen ebenso wenig ausschließen wie eine gewisse Berechnung, was die Wirkung einer Tat auf die Umgebung anbelangt, vor allem, wenn das Verhalten schon eingeschliffen ist. Ich werde im Zusammenhang mit dem Unterschied zur Perversion noch darauf zurückkommen.

Es ist auch nicht ausgeschlossen, daß der Psychopath aus seiner eigenen Erfahrung lernt, aber diese Lernprozesse sind begrenzt. Je mehr er von den Folgen seiner Handlungen fasziniert ist, um so weniger ist er in der Lage, sie in einer bestimmten Absicht zu steuern. Wenn er sich ausgestoßen fühlt, kann die Tat ein Mittel sein, soziale Reaktionen auszulösen und zu erzwingen, daß man sich um ihn kümmert. Dieses Phänomen ist oft an jüngeren Patienten zu beobachten, obwohl sich ihr Lernen auf die Mittel zur Rettung ihrer Eigenliebe und ihrer Vorlieben beschränkt. Die Faszination des Handelns spiegelt sich in dem, was ihnen gefällt: Ihre Reden sind gespickt mit ungewöhnlichen, gefährlichen Aktionen, Abenteuern und Heldentaten, selbst erlebten oder von anderen geliehenen.

Suche nach Liebe?

Nicht selten war die frühe Kindheit psychopathischer Persönlichkeiten von Verlassenheit und schweren Mangelerscheinungen geprägt. Die «Sorgeberechtigten» haben sie in die Zwangslage gebracht, sich mit Gewalt auszudrücken, um gehört zu werden: Unterbringung in Pflegefamilien mit zahlreichen Kindern, in

Krippen und Institutionen. H. Flavigny weist darauf hin, wie unheilvoll gebrochene Familienverhältnisse sind, das Kommen und Gehen der Väter und Mütter, die wechselnden Gesichter der Eltern.[1] Am Ende kann das Kind seine eigene Mutter nicht mehr von den anderen Frauen unterscheiden; und selbst bei regelmäßigem Kontakt ist nicht gesagt, daß es genug Zärtlichkeit von ihr bekommt. Die symbolträchtigen Feste, Geburtstage beispielsweise, die, sehnsüchtig erwartet, ein Gefühl der Geborgenheit vermitteln, die alljährlich an die Geburt erinnern und Hoffnungen beleben, haben nicht mehr den gleichen Sinn, wenn sie jedesmal anders und mit anderen Personen gefeiert werden.

Flavigny betont auch die Antriebsarmut, die Trägheit und Initiativlosigkeit der jungen Psychopathen: Sie haben nie Lust, irgend etwas zu tun oder zu unternehmen. Man kann darin eine Folge mangelnder Anregungen in den ersten Lebensjahren sehen. Genau wie Eltern dem Kind normalerweise Liebe, Fürsorge und Nahrung spenden, regen sie durch ihre Anwesenheit die Phantasie, das Spielen, Singen und Sprechen ihrer Kinder an. Viele Psychopathen haben das nie kennengelernt.

Häufig ist in solchen Fällen zu beobachten, daß häusliche Streitigkeiten mit Drohungen, physischer Gewalt und Mißhandlungen enden. Wenn das Kind sich damit identifiziert, liegt das oft an einer insgeheimen Treue zu diesem oder jenem Familienmitglied, das wegen seiner Aggressivität ausgestoßen wurde.

Offensichtlich finden Austausch und Zärtlichkeit auf einer gestörten Ebene statt: Das Geben und Nehmen zwischen dem Kind und dem Erwachsenen hat denselben Charakter wie bei einem materiellen, fetischisierten, begehrten und eifersuchterregenden Objekt. Die unbewußte Vorstellung, die das Kind von den Eltern gewinnt, fügt sich nicht zu einer Einheit. Sie bleibt bruchstückhaft und zerfällt in mehrere widersprüchliche Bilder, die unweigerlich einen Eindruck von Unzulänglichkeit vermitteln.

Dennoch drückt sich der begierige Gefühlshunger des Psychopathen nicht in einer Suche nach Liebe aus. Er versucht nicht, sich anderen zu nähern und einen warmherzigen Umgang zu genießen. Seine sozialen Kontakte bleiben oberflächlich, er läßt sich kaum darauf ein und hat die Gewohnheit, Beziehungen leicht wieder aufzugeben, ohne daß es ihm etwas auszumachen scheint. Infolgedessen ist er sehr mobil: Er kann von einem Tag auf den anderen das Milieu, die Institution, den Wohnort wechseln. Es gibt wenig, was ihn zurückhält.

Fehlende Einfühlung?

Wie sind diese Reaktionen zu erklären? Nennen wir zuerst den Mangel an Empathie. Sobald wir in Kommunikation mit anderen treten, identifizieren wir den Gesprächspartner mit einem Teil unserer selbst. Wir verbinden ihn mit dem, was uns allen gemeinsam ist, oder mit einem Ideal. Sogar in den einfachsten Situationen, der Warteschlange vor dem Kino beispielsweise: Wir stellen uns hinten an, wie es üblich ist. Wir teilen also einen gemeinsamen Code mit den anderen. Ein Austausch findet kaum statt, gewiß, aber er genügt, um zur Gruppe zu gehören. Das ist die «synkretische» Ebene, von der Bleger spricht: eine elementare Verschmelzung an der Basis.[2] Bleger stellt ihr die Ebene der Interaktion gegenüber, bei der die zwischenmenschliche Verbindung auf einer minimalen wechselseitigen Beeinflussung durch Kommunikation beruht und bei der die Sprache voll zur Geltung kommt, weil sie die Übermittlung und den Empfang von Botschaften gewährleistet. Die Symbole und Phantasien, die in die Interaktion einfließen, sind von entscheidender Bedeutung, aber der Gruppenzusammenhalt ist geringer. Der verbale Austausch erlaubt, eine zu starke Verstrickung zu vermeiden. Bei einem Sozialverhalten, das auf Interaktion beruht, spricht man darum von «Verführung», während das synkretische Sozialverhalten als «Anhaften» beschrieben wird. Dieses «Anhaften» begründet das Zugehörigkeitsgefühl und die Mitgliedschaft in den menschlichen Gemeinschaften.

Bleger fügt hinzu, daß das synkretische Sozialverhalten in therapeutischen Gruppen mit regressiven und psychotischen Patienten übermächtig ist und man das gleiche Phänomen in den Familien psychotischer Patienten findet: Sie reden sehr wenig miteinander. Die Verschmelzung ist so stark, daß sie die psychische Entwicklung, die Unterscheidung und die Trennung der einzelnen Mitglieder verhindert. Ein interaktives Sozialverhalten ist kaum vorhanden.

In Gruppen mit Neurotikern ergänzen sich die beiden Ebenen des Sozialverhaltens: Die Verstrickung der Individuen bleibt so begrenzt, daß sie sich nahe fühlen, ohne aneinander zu «kleben». Auf diese Weise kann sich das Gefühlsleben entfalten, und niemand fühlt sich gedrängt, sein Innerstes zur Sprache zu bringen.

Dieses Modell läßt sich auf jede menschliche Beziehung anwenden. In der natürlichen wie in der therapeutischen Gruppe entsteht die Wechselseitigkeit durch ein komplexes Netz zusammenwirkender Faktoren.

Beim Psychopathen ist sowohl das synkretische als auch das interaktive Sozialverhalten stark eingeschränkt. Das «Haften» an intimen Beziehungen fällt ihm schwer. Er kann jederzeit auf Nimmerwiedersehen verschwinden. Neidgefühle und heftiger Groll beherrschen seinen Geist. Oft hat er den Eindruck, man habe ihm etwas vorenthalten, was tatsächlich stimmt. Dieses Gefühl geht um so tiefer, als es untröstlich ist. Keine nachträgliche «Wiedergutmachung» schafft Ausgleich für den in der frühen Kindheit erlittenen Schaden, der in einer elementaren Entbehrung besteht: jener grundlegenden Deprivation, die Winnicott hervorgehoben hat.[3]

Wenn der Psychopath sich für seine Ausschreitungen nicht schuldig fühlen kann, so weil er nie eine «verantwortliche» Beziehung zu einem anderen oder zu sich selbst erlebt hat. Das Fehlen einer verläßlichen und dauerhaften Mutterbindung führt dazu, daß sich der «primäre Liebestrieb» zurückbildet und dann verschwindet. Um jemand zu sein, muß man geliebt werden, bemerkt Winnicott.

Genießen, aber schnell

Ein Jugendlicher bricht ein, um zu stehlen, findet aber eine junge Frau in der Wohnung vor.[4] Er flieht, dann kommt er zurück, um sie zu vergewaltigen. Der Einbrecher fühlt sich gedemütigt, weil es ihm nicht gelungen ist, den Diebstahl zu begehen. Die Vergewaltigung befreit ihn von der Frustration der nicht sofort erfolgten Triebabfuhr, die der Diebstahl ihm gebracht hätte.

Vergewaltigen heißt, jemandem etwas stehlen, den Anstand brechen und Scham hervorrufen. Die Theorie, die der Patient im Kopf hat, ist die, daß der andere ihm aus eigenem Willen niemals etwas geben würde. Also muß er es ihm ohne sein Wissen wegnehmen, indem er Situationen oder Szenarien schafft, die seine Theorie bestätigen.

Angesichts der Unmöglichkeit, die Tat auszuführen, wenden sich die Gefühle der Demütigung und Schande gegen die eigene Person. Infolgedessen sorgt die Suche nach sofortiger Befriedigung für die Wiederherstellung eines höchst egozentrischen Gleichgewichts. Die Vorstellung der Dauer ist beim Psychopathen außer Kraft gesetzt. Er hat weder eine Vorstellung vom Verfließen der Zeit und von bestimmten Zeitrhythmen, noch kann er die Zukunft antizipieren, was ihm erlauben würde, Pläne zu schmieden und sich Mittel für ihre Realisierung auszudenken. Wenn der Raum zwischen der eigenen Person und dem anderen zu eng wird – oder der Abstand zu weit –, fällt es schwer, den Lauf der Zeit, die Abfolgen und Sequenzen zu erkennen.

Erinnern wir uns an den griechischen Schöpfungsmythos. Gaia, die Erde, und Uranos, der Himmel, Geschwister und Gatten zugleich, hielten einander umschlungen. Der Mann übte immerwährenden Geschlechtsverkehr und zog seinen Penis nie aus der Vagina der Frau zurück, so daß die Kinder, die sie zeugten, in ihrem Schoß eingeschlossen blieben. Bis zu dem Tag, an dem eines dieser unglückseligen Geschöpfe beschloß, seinen Vater zu entmannen. Da trennte sich der Himmel von der Erde, beide folgten einer eigenständigen Bewegung, die Sonne und die Sterne zogen ihre Bahn von Osten nach Westen und der Wechsel der Jahreszeiten legte den Jahreszyklus fest. Die Zeit war entstanden. Darum wurde das Kind, das sich Gerechtigkeit verschafft hatte, Chronos, die Zeit, genannt.

Ohne Schnitt und ohne Trennung gibt es keine Vorstellung von Dauer. Der Psychopath indes scheint den Vorgang einer Ablösung nicht zu kennen, weil die vorausgehende Einheit nie bestanden hat. Eben darin unterscheidet er sich vom Psychotiker.

Diese Bemerkungen gelten auch für Psychopathen, die wie von einem Uhrwerk gesteuert leben und handeln. Oft straffällig, organisieren sie ihre Tat mit größter Genauigkeit und Kaltblütigkeit, wie unter einem starken inneren Zwang. Ihre Moral hat eine starre Form, sie denken nicht über sie nach, sondern folgen mechanisch den Gesetzen des Gehorsams und der Erleichterung, die ihrer Selbsterhaltung dienen. Die väterliche und mütterliche Instanz sind nicht unterschieden. Man könnte von einer «Schließmuskelmoral» sprechen, so sehr erinnert ihr Verhalten an die rigide Einhaltung einer ursprünglichen, analen Ordnung. Aus Angst vor Strafe müssen sie die Reinlichkeit sehr früh beherrscht haben. Sie bewundern die Perfektion, die einen ihrer höchsten Werte darstellt. Die einzige ihnen zugängliche Form des Zeitgefühls bezieht sich auf den Rhythmus.

In dieser Gruppe findet man die wirklich großen Verbrecher, die Organisatoren von Massakern, Serienmorden oder Völkermorden. Ihr Über-Ich ist archaisch, brutal und grausam. Es läßt ihnen keine Ruhe, bis sie ein Verbrechen begehen – eine Variante der Verfolgung durch das gleichermaßen schreckliche orale Über-Ich, von dem Melanie Klein spricht.[5]

Fliehen, um jeden Preis

Die Flucht des Psychopathen ist eine andere als die Flucht, mit der eine Schizophrenie beginnt. Beim Psychopathen folgt sie einem Bruch nach Frustrationen und Konflikten im Familienmilieu, in der Schule oder im Beruf. Sie ist der Anfang einer Reise ins Abenteuer, in die Freiheit, auf der Suche nach Erfahrungen, die Mut und Kraft erfordern. Beim Schizophrenen sind die Beweggründe verschwommener, er irrt umher, getrieben von Verfolgungsangst, in einem Zustand äußerster Unruhe und Verwirrung, wie wir an den Beispielen im nächsten Abschnitt sehen werden.

Der Psychopath fürchtet die Langeweile, die Eintönigkeit, die ihn vielleicht mit einer unerträglichen Verzweiflung konfrontieren. Langeweile ist übrigens die Gemütslage, die das pathologische Verhalten einleitet und beschließt. Warum? Die als schwere Bedrückung empfundene Last der Frustrationen und der Unfähigkeit, traurig zu sein, treiben das Subjekt ins rettende Abenteuer. Anders gesagt, das Aufkommen eines inneren Unbehagens wird von ihm als Verrat an seinem Ich erlebt. Teilweise blind gegenüber seinen Gefühlen, bleibt er auch unbeeindruckt von seinen «Leistungen». In dem Maße, in dem er Schwierigkeiten hat, Erfahrungen zu verarbeiten, wiederholt er seine Vergehen in gesteigerter Form.

Es kommt vor, daß der Psychopath plötzlich von einem Vorhaben abläßt. Was veranlaßt ihn, derart das Interesse zu verlieren? Er ist schlicht und einfach nicht mehr motiviert, wenn das Ziel nicht konkurrenzfähig ist. Alles, was er organisiert, ist gegen jemanden gerichtet. Es hätte sich also nicht gelohnt.[6]

Drei klinische Fälle

Als Beispiel für eine «Reise» mit psychotischen Zügen will ich von Gérard erzählen, einem Jugendlichen, der abrupt sein Elternhaus verließ, um nach Wien zurückzukehren, wo er einen Sprachlehrgang gemacht hatte. Später erklärte er, daß er seine Eltern nicht als seine Eltern anerkenne: Er wollte ihnen entfliehen. Zuerst hielt er sich für das einzige Kind von Adolf Hitler und Eva Braun, dann von König Albert I. von Belgien und einer Prinzessin seines Hofs. Wenn man sein Alter bedenkt, wäre er eher der Enkelsohn als der Sohn dieser historischen Paare gewesen! Die Kindheit hatte er bei seiner Großmutter väterlicherseits verbracht, in offenem Konflikt mit seiner Mutter, die sich aber nie Mutter genug gefühlt hatte, um die Erziehung selbst zu übernehmen, und trotz ihrer eifersüchtigen Feindseligkeit große Bewunderung für ihre Schwiegermutter empfand. Andere Elemente der Vergangenheit spielen bei dieser Flucht eine Rolle. Der Vater hatte «die schönsten Augenblicke seines Lebens» genossen, als er, selbst noch ein Kind, während des Zweiten Weltkriegs mit einem Chor zu Gastspielen nach Deutschland gereist war. Aus Nachahmungstrieb hielt sich der Sohn nun für den Sproß des Nazipaars. Die Mutter dagegen hatte ihren Vater, einen Offizier, im Krieg verloren.

Bei einem anderen schizophrenen Patienten begann die Krankheit mit einer ziellosen Flucht. Er irrte mehrere Tage umher, ehe man ihn in äußerster Verwirrung auf dem Bahnsteig derselben Metrostation fand, in der sein heroinabhängiger Halbbruder zehn Jahre vorher Selbstmord begangen hatte. Dabei soll er weder von der Rauschgiftsucht noch von den Todesumständen dieses Bruders gewußt haben.

Der dritte Fall, von dem ich berichten will, ist der eines jungen Rauschgiftsüchtigen, dessen einziges Ziel darin bestand, sich Geld für Drogen zu verschaffen. Durch Fluchten und Erpressungen übte er einen starken Einfluß auf seine etwas naive Mutter aus, die immer bereit war, ihn vor dem Vater zu verteidigen. Dieser ließ sich leicht zu Wutausbrüchen hinreißen und galt als verständnisloser Grobian. Eines Tages kam der junge Mann ganz verstört in die Sitzung der Familientherapie und erzählte, er habe seine Schlüssel verloren. In Wirklichkeit heckte er einen Einbruch in die Wohnung seiner Eltern aus, den er ein paar Tage später riskierte. Er behauptete auch, ihm würden systematisch Wertsachen gestohlen, wie seine Rolex oder seine Lederjacke, und gelegentlich würde er von «zwielichtigen» jungen Leuten erpreßt.

Gegen das Versprechen, keine Drogen mehr zu nehmen und seine Schulausbildung fortzusetzen, ließ er sich von seinen Eltern, die auf eine Umkehr hofften, Privatkurse bezahlen. Tatsächlich meldete er sich in der Schule nie zurück. Zur gleichen Zeit verschwand die Kreditkarte einer Freundin. Während einer der folgenden Therapiestunden erklärte er in allen Einzelheiten, wie man es anstellt, an den Bankautomaten fremdes Geld zu ziehen. Er selbst war der Dieb. Die Eltern hörten sich die Geschichte an, ohne empört zu reagieren. Sie schienen eher seinen Einfallsreichtum zu bewundern.

Die Mutter entdeckte in der Kleidung ihres ältesten Sohnes einen Strohhalm, wie man ihn zum Kokainschnüffeln benutzt. Um die Eltern gegen den Bruder aufzubringen, der das «liebe Kind» der Familie war, sorgte der drogensüchtige Jüngere für eine Vorladung bei der Polizei.

Schließlich überraschte er seine Eltern mit der Nachricht, daß seine Freundin schwanger sei. Die Eltern waren außer sich, es mußte dringend eine Abtreibung organisiert werden. Das junge Mädchen war den Eltern ohnehin ein Dorn im Auge, weil sie glaubten, sie sei die eigentliche Drogensüchtige, die ihren Sohn auf die schiefe Bahn gebracht und in das «Milieu» hineingezogen habe. Der Vater hatte nichts Eiligeres zu tun, als ihr das nötige Geld zu geben. Einen Monat später suchte er die Klinik, in der sie den Abbruch hatte vornehmen lassen. Aber die Adresse war falsch, die Schwangerschaft hatte nie existiert.

Diebstahl, Raubüberfälle und Betrugsdelikte sind häufig die ersten Erfahrungen von Psychopathen, wobei die Herausforderung der Männlichkeit eine große Rolle spielen kann. Es scheint mir darum äußerst wichtig, diese Patienten schon bei den ersten Symptomen zu behandeln, die sich in der Jugend bemerkbar machen.

Fliehen und Stehlen hängen oft mit der Frage nach der eigenen Herkunft zusammen. Bei der Flucht scheint es, als wollte der Patient unbewußt den Weg eines früh verschwundenen Elternteils nachvollziehen oder sich auf die Suche nach unbekannten Eltern machen. Manchmal folgen sie tatsächlich der richtigen Spur, wie man es von adoptierten oder ausgesetzten Kindern kennt, die «mit unbekanntem Ziel» aufbrechen – ein Phänomen, das um so geheimnisvoller ist, als sie oft nichts von ihrer Lage oder ihrem Ursprung wissen.

Was den Diebstahl betrifft, so könnte er mit der mehr oder weniger von der Realität beeinflußten Phantasie des «gestohlenen Kindes» (Adoption, Unehelichkeit) oder der «gestohlenen Kindheit» (Abwesenheit eines oder beider Elternteile, Vernachlässigungsgefühl wegen bevorzugter Geschwister) zu tun haben. Das Grundproblem dabei ist das fehlende oder vorenthaltene «Erbe». Mit anderen Worten, der Patient stiehlt, um sich zu holen, was seiner Seele zusteht. Er identifiziert sich mit dem gestohlenen Objekt, weil er sich als gestohlenes Kind empfindet.

Zwischen dem Geheimnis des eigenen Ursprungs und dem Ausbruch einer Psychopathie besteht sicher ein Verhältnis von Ursache und Wirkung, das aber nicht mechanisch funktioniert. Die Wirklichkeit ist unendlich viel komplexer, denn das Ich hat die ursprünglichen Schwierigkeiten, die von den Umständen der Zeugung und den späteren Geheimnissen und Lügen herrühren, mit dichten Schleiern umwoben.

Psychopathie und Psychoanalyse

Um die Psychopathie zu definieren, habe ich an erster Stelle die impulsiven Neigungen und das ungeregelte Funktionieren des psychischen Apparats genannt, dem es nicht gelingt, diese Neigungen symbolisch zu erschlüsseln und in Denken umzuwandeln. Ein anderes Element, das hier eine Rolle spielt, ist das Problem der Objektbeziehung: die Schwierigkeit, eine Bindung einzugehen, eine gleichberechtigte, hinreichend intensive und dauerhafte Beziehung zum anderen libidinös zu besetzen, den alten Groll zu bewältigen. Und schließlich kommen die Geheimnisse des eigenen Ursprungs hinzu. Diese drei Ansätze ergänzen sich und ziehen sich durch die Geschichte der Psychoanalyse.

Freud hat sich am Anfang seiner Laufbahn mit den körperlichen Kräften auseinandergesetzt, den Trieben, die den psychischen Apparat speisen und ihn durch die Anforderungen, die sie an ihn stellen, organisieren. Sein psychisches Modell erinnert an Vorbilder aus der Strömungslehre und der Elektromechanik. Er denkt an Saugpumpen und den Wechsel von Ladung und Entladung. Später, zwischen 1910 und 1920, tritt die Beziehung zum anderen, zum Objekt, immer stärker in den Vordergrund: der Vater, die Mutter, die Art, wie das Kind sie besetzt und wie es ihre Abwesenheit erlebt, wie es nach und nach innere Objekte ausbildet. Heute sprechen wir von generationsübergreifenden Vorstellungen: von den anderen, Vater und Mutter, Großeltern und Ahnen, von «Geheimnissen», die nicht nur das Subjekt beeinflussen, sondern auch die Wünsche oder Fähigkeiten, die frühere Generationen ihren Nachkommen übermittelt haben.[7] Auch wenn der Psychopath einen seelisch leeren und verarmten Eindruck macht, fühlt er sich darum nicht weniger von den wesentlichen Fragen nach seinen Ursprüngen bedrängt.

Psychopathie und Charakterperversion

Nach Ansicht mancher Forscher haben Psychopathie und Charakterperversion vieles gemeinsam, für einige sogar so viel, daß sie die Charakterperversion als eine Form der Psychopathie betrachten.[8] Daß Elemente von beiden gleichzeitig vorhanden sind, ist tatsächlich oft der Fall: bei Drogensüchtigen, wie es das Beispiel zeigt, das ich soeben erzählt habe, bei der Anorexie und der Bulimie, beim Hochstapler und beim Mythomanen, beim Kunstfälscher, beim Geldfälscher, beim Spieler und anderen mehr. Trotzdem scheint mir, daß ein wesentlicher Unterschied besteht – Anlaß genug, genauer zu erkunden, in welchem Moment und aus welchen Gründen ein Patient vom einen zum anderen übergeht.

Nehmen wir das Suchtverhalten, bei dem die Rauschgiftsucht als Muster gilt, oft verbunden mit Alkoholgenuß, häufigem Partnerwechsel in sexuellen Beziehungen und einem Risikoverhalten, bei dem die Nähe des Todes fasziniert. Hier spielen sowohl die moralische Perversion als auch die Psychopathie eine Rolle: Suche nach anderen Formen der Sexualität, nach Gefahrensituationen, Geschwindigkeit und der neuesten Mode, um das Loch der Langeweile oder Leere möglichst schnell zu stopfen. Eine quasi perverse Wollust mildert zufällig die Mängel, die der psychopathischen Organisation eigen sind. Der Patient bleibt in seinen Grundstrukturen dennoch ein Psychopath. Beim Mythomanen ist die Situation genau umgekehrt, das psychopathische Element kommt zur moralischen Perversion hinzu. Für die Ausrichtung der Behandlung ist das ein wichtiger Unterschied.

Manchmal wird die Sache komplizierter. Die Sexualstraftäter (Vergewaltiger, Pädophile, inzestuöse Väter) beispielsweise sind sowohl sexuell als auch moralisch pervers, weisen aber obendrein noch psychopathische Züge auf. In Gefängnissen werden sie von den anderen Häftlingen gemieden, und das Vollzugspersonal empfindet besonders heftigen Abscheu gegen sie. Das Personal hat es in der Tat nicht leicht, sich immer klar abzugrenzen, vor allem gegen inzestuöse Väter: Ihre falsche, honigsüße Freundlichkeit gepaart mit vernünftigen, gut dargelegten Argumenten ist ebenso anziehend wie beunruhigend.

Der berühmte Mörder in Fritz Langs Film *M – Eine Stadt sucht einen Mörder* (1931) ist Zielscheibe aller übrigen Verbrecher, die ihm vorwerfen, sich nicht an die Spielregeln zu halten. Seine Mädchenmorde erscheinen ihnen überflüssig, und seine Taten veranlassen die Polizei zu einer allgegenwärtigen Kontrolle, die sie an der Durchführung ihrer eigenen Verbrechen hindert. In diesem Fall sind es die Psychopathen selbst, die den Unterschied diagnostizieren.

Wir dürfen nicht vergessen, daß sich das Gefühl der Ausgestoßenheit beim Psychopathen mit dem Gedanken einer Schuld verbindet: Die Gesellschaft, die Mutter sind ihm etwas schuldig. Die Forderung, die er geltend macht und die viele seiner Handlungen bestimmt, macht die Verbalisierung zum Organ einer Zwangsvollstreckung: Der andere soll, oft durch Drohungen und Erpressungen, gezwungen werden, dem Patienten endlich das zu geben, worauf er seit jeher wartet. Der Perverse ist weniger aggressiv. Wie A. Green sagt, erinnert der moralisch Perverse an einen Feinschmecker, während der Psychopath einem Vielfraß gleicht.[9] Das Raffinement des einen steht in krassem Gegensatz zur rohen Gier des anderen. Auch die depressive Grundstimmung des Perversen gilt als Unterscheidungsmerkmal zum Psychopathen, der eher von Verfolgungsangst geplagt wird. Wenn die Abwehr versagt, kann der Perverse in eine Depression verfallen, während der Psychopath vermehrt Wahnvorstellungen und paranoische Reaktionen ausbildet.

Der Charakterperverse wirkt teils zwanghaft, teils durchtrieben und berechnend. Der Psychopath dagegen ist heftig, zu sehr unter

Druck, um eine Strategie der Herrschaft zu entwickeln. Während die Perversion Sinnlichkeit begünstigt, drängt die Psychopathie zur motorischen Nutzung der Muskelkraft. Der Psychopath und der Perverse verachten beide das moralische Gewissen, aber die Sprache des Psychopathen, die eine Sprache des Handelns ist, wirkt ansteckend auf Dritte, die, ohne es zu wissen, das Begehren des Patienten ansprechen. Die Perversion ist gewissermaßen eine Einladung zum Genießen, die Psychopathie eine Aufforderung zum Bruch der moralischen Ordnung. Man könnte in Versuchung kommen, zu behaupten, der Psychopath sei weniger eine impulsiv handelnde Person als eine solche, die andere zum Handeln bringt.

Die Perversion erscheint nicht so schwerwiegend, nicht so gewalttätig, ja durch ihre Verkleidungen sogar recht verführerisch und theatralisch. Aber sie kann ungeahnte, manchmal mörderische Zerstörungskraft entfalten, wenn der andere das Spiel nicht – oder nicht mehr – spielen, wenn er nicht begreifen will, daß es auch Lust daraus zu beziehen gibt, und sei sie masochistischer Natur.

Bei der Psychopathie sind die Beziehungen zur Sexualität außerordentlich komplex, aber nicht weniger entscheidend: der Männlichkeitskult, die Angst vor Passivität, die bohrenden Fragen an die Adresse der elterlichen Autorität. Ich werde noch darauf zurückkommen.

Psychopathie in der Jugend

Die Beziehungen zwischen Psychopathie und Jugend siedeln sich auf mehreren Ebenen an. Der «normale» Jugendliche zeigt impulsive oder explosive Reaktionen, wenn es ihm nicht gelingt, sich die Verwandlungen im Verlauf seiner eigenen Reifung vorzustellen. Er verherrlicht den Bruch, in dem er ein Zeichen der Unabhängigkeit sieht, und idealisiert die Freiheit der Vagabunden. Manchmal ist es schwierig, die Grenze zu ziehen zwischen Verhaltensweisen, die nur auf eine komplizierte Jugend hindeuten, und einem Agieren, das den inneren Strukturen eines psychopathischen Jugendlichen entspringt.

Eine Psychopathie in der Jugend zieht nicht zwangsläufig den Eintritt in die Kriminalität nach sich. Viele der jugendlichen Patienten verfolgen ihre «Karriere» nicht über ein bestimmtes Alter hinaus. Die Zugehörigkeit zu einer Bande beispielsweise bedeutet nicht, daß der Jugendliche sein gewalttätiges Verhalten beibehalten oder sich endgültig dem «Milieu» anschließen wird. Wir müssen die üblichen Jugendbanden von den delinquenten Banden unterscheiden, die Straftaten, besonders Diebstähle, organisieren. Für die ersten ist das Ziel ihres Zusammenschlusses symbolisch: eine Gegenfamilie zu gründen, in der nicht das Gesetz des Vaters herrscht, sondern das Gesetz der Brüder und der Protest gegen die soziale Ordnung. Die Bande will männliche Prinzipen zur Geltung bringen: Mut, Herausforderung, Duldung von Exzessen, Alkohol, Geschwindigkeit – und das alles, um sich auf die Probe zu stellen. In den delinquenten Banden dagegen geht es um den materiellen Gewinn, den Willen, sich zu bereichern, und zu diesem Zweck werden Diebstähle organisiert.

Wenn Banden von Jugendlichen ihre Provokationen und Aggressionen gegen die «Bürgerlichen» richten, tun sie es eher aus Haß auf den sozialen Erfolg und seine Embleme: die Kultur, das Studium, das ihnen unerreichbar scheint in einer Welt wie der unseren, die den Mythos der Titel und Diplome pflegt. Aber nicht nur Außenstehende werden als Opfer gewählt, auch innerhalb der Banden wird ein Sündenbock gefunden. Der «Boss», ein exemplarischer Vertreter der narzißtischen Perversion, nimmt dieses Spiel persönlich in die Hand.

Ich habe Patienten erlebt, die mit schweren Störungen darauf reagiert haben, daß sie Zielscheibe einer Bande geworden waren. Sie hatten unendlich unter dem Gefühl gelitten, man hielte sie für unfähig, als vollwertiges Mitglied «dazuzugehören», als hätte die Bande ihnen das Zeugnis ihrer Männlichkeit verweigert. Hinter diesem Kult steht ein machistisches Männlichkeitsideal, eine «eingeschlechtliche» phallisch-narzißtische Vorstellung von Virilität, wie wir es nennen würden. Unter den Jugendlichen, die bei mir in Behandlung waren, sind einige in ein beunruhigend regressives Verhalten zurückgefallen. Sie kamen aus Familien, die von herrschsüchtigen Müttern geprägt waren. Hatten sie gehofft, durch die Zugehörigkeit zu einer Bande mit ihrer Mutter abrechnen zu können und den Vater zu rehabilitieren?

Im Vergleich zu einer Minderheit, die sich tatsächlich in Banden organisiert, sind diejenigen in der Überzahl, die nur in Gedanken einer Bande angehören, die eine Bande «im Kopf haben». Es ist, als hätte der Jugendliche eine Bande in seinem Unbewußten, als wäre seine unbewußte Welt wie eine Gruppe gestaltet, mit Anführern, Untergeordneten und einem Gesetz, das in der Treue besteht. Die Identifizierung folgt dem, was gegen die Norm verstößt. Das bewunderte Objekt ist der gerissene, schlagfertige Typ, der täuscht und sich gegen den Vater, die Welt der Erwachsenen, durchsetzt.

Ausgehend von dieser allgemeinen Phantasie, der «imaginären Bande», wie ich sie nennen möchte, treten manche aus besonderen Gründen einer realen Bande bei. Der junge Psychopath, dem das elementare «Anhaften» fehlt, das uns mit den andern verbindet, bleibt auch innerhalb der Bande einsam. Die Zugehörigkeit erlaubt ihm nur, ein Ventil für seine Verfolgungsängste zu finden, eine Ideologie, auf die er sich stützen kann, eine neue Sprache, eine Art zu argumentieren, Paroli zu bieten, einen verbalen Schlagabtausch mit dem Rivalen zu führen. Es wäre denkbar, daß sie für ihn eine Übermittlungsfunktion hat. Nach Ansicht von G. Mauger stellt die Polizei aus der Sicht der Bandenmitglieder eine Art rivalisierende Bande dar, die ihrer männlichen Überlegenheit Geltung verschaffen will und eine bestimmte Kampfstrategie verlangt: Es gilt, sein Territorium zu bewahren, immer der Stärkere zu sein, nie das Gesicht oder sonst etwas zu «verlieren».[10]

Untreue und Verrat bei Jean Genet

Treue und Untreue, Komplizenschaft und Verrat gehen miteinander einher. Das eine erzeugt das andere, weil beide exzessiv sind. Vor Jean Genet hat uns die Kunst an das Bild des reumütigen Halunken gewöhnt, der seine Komplizen denunziert, an die Figur des Verbrechers, der Polizeispitzel geworden ist. Die Besinnung auf den rechten Weg wird von zahllosen Menschen als Sieg unserer Moral, als gelungene Wiedereingliederung des Delinquenten erlebt. Genet enthüllt eine ganz andere Realität: Der Halunke verrät als Halunke, weil er im Zustand der Gesetzesüberschreitung lebt.[11] Für ihn ist der Verrat die höchste Weihe der «zwielichtigen» Geste, die Feststellung, daß es etwas Besseres gibt, als ehrlich zu sein. Die Inkonsequenz wird zur Regel, so daß man nie einem Freund vertrauen darf. Anders gesagt, Genet verkündet eine Ästhetik des Häßlichen, des Abscheus, der Verworfenheit, die zu einzigartigen und universellen Prinzipien erhoben werden.

Das belehrt uns zwar über die Möglichkeit fließender Übergänge zwischen Perversion und Psychopathie, aber es ist wesentlich, sie genau zu unterscheiden. Der Delinquent verrät als Perverser, wenn die Gemeinschaft mit dem Komplizen ihn bedrückt. Es wäre interessant zu erfahren, ob die freundschaftliche Homosexualität nicht in einem bestimmten Moment unerträglich für ihn wird und er dann, im Namen des Bruchs und der Erfüllung der Liebe, die der andere in ihm geweckt hat, beschließt, ihn an die Polizei, die väterliche Instanz, zu «verkaufen». Aber sich dem Vater unterwerfen bedeutet darum nicht weniger, eben diesen Vater lächerlich zu machen, seine Ohnmacht zu benennen, seine Unfähigkeit, allein zurechtzukommen.

Wie dem auch sei, die Idealisierung führt zu nichts. Die Nachahmung der Männlichkeit im Rahmen der Verbrecherbande ist nur eine vorgetäuschte Einführung ins Leben. Einst wurden die Kriege zwischen den Völkern mit einem Heiratsvertrag beendet: Der Monarch gab dem ehemaligen Feind eine Schwester oder eine Tochter. Die sublimierte Homosexualität in den Beziehungen unter Männern ist hier die Antithese zur ausgeübten Homosexualität. Entsprechend kann man annehmen, daß Banden sich Schlägereien liefern, weil diese ihnen Gelegenheit zu einem Nahkampf unter jungen Männern bieten.

Eingangs habe ich die Frage nach dem fehlenden Sinn für Moral bei den Perversen gestellt. Man könnte sich ebensogut fragen, ob sie nicht in Wirklichkeit eine andere, eine neue Moral errichten wollen, in der die Schande das Maß aller Dinge wäre. In Hinblick auf die narzißtische Perversion habe ich gezeigt, wie schwer es fällt, die Abhängigkeit von einem geistigen Führer zu ertragen, auch wenn man ihn sich gewünscht hat. Für den Psychopathen wäre die Moral ebenso paradox: Er würde folglich die Herrschaft der Verworfenheit anerkennen.

Zur Behandlung

Die Behandlung psychopathischer Störungen hat neuen Auftrieb erfahren, seit sich die Justiz der Zusammenarbeit mit Psychologen und Psychiatern bedient, die sowohl in psychiatrischen Institutionen als auch in Gefängnissen und Fürsorgeeinrichtungen tätig werden. Die letzteren haben einen therapeutischen Auftrag und sollen helfen, die impulsiven Neigungen einzudämmen und Gewaltausbrüchen vorzubeugen. Mittlerweile werden Einzel- und Familientherapien für hilfesuchende Jugendliche, potentielle Straftäter und verurteilte Verbrecher angeboten, ganz abgesehen von anderen Fürsorgemaßnahmen und Freiwilligenhilfe. Dabei stellt sich ein Problem: Oft genug akzeptiert der Patient die Behandlung nur, weil ein Richter sie angeordnet hat und er sich einen Straferlaß davon erhoffen kann. Dennoch ist es möglich, eine therapeutische Arbeit ins Auge zu fassen, die das Unbewußte erreicht und auf echtem Vertrauen zwischen Psychopath und Therapeut beruht. Um diese Situation herzustellen, muß der Therapeut viel Taktgefühl und die Fähigkeit mitbringen, ein offenes Ohr für die rohen, erschütternden, kaum in Worte zu fassenden Phantasien zu bewahren, ohne den nötigen Abstand zu verlieren; gleichzeitig muß er versuchen, die Selbstwertgefühle des Patienten zu stärken. Eine lange Probezeit geht der eigentlichen Arbeit voraus. Die Patienten, mit denen wir es hier zu tun haben, sind hochempfindlich gegen jede Art von Zweideutigkeit, gegen übermäßige Verführung, gegen konventionelle Haltungen. Es ist wichtig, pädagogische Erläuterungen zu vermeiden, da der Patient sich als Opfer einer Ungerechtigkeit empfindet, die «Wiedergutmachung» verlangt.

Das soll uns eine Warnung sein, bei der Behandlung nicht in eine «Betreuungshaltung» zu verfallen, die den Patienten nur verletzen würde. Er fände darin die Bestätigung seines Gefühls, daß seine Eltern ihn mit Zärtlichkeit hätten umgeben können, es aber nicht «gewollt» haben. Sein alter Groll würde verstärkt. Es ist unendlich viel wichtiger, ihm zuzuhören, seine Verzweiflung zu erfassen, als zu versuchen, die Löcher seiner Vergangenheit zu stopfen. Das gilt übrigens für jeden Patienten.

Monique und Ruth

Nach dieser extremen Form der Psychopathie wollen wir uns nun dem anderen Extrem zuwenden: den Grenzfällen oder Neurotikern, die eine impulsive Abwehr mit psychopathischen Zügen entwickeln und deren Behandlung ebenfalls besondere Probleme aufwirft. Hier zwei Beispiele:

Monique, eine Patientin, die bei mir in psychoanalytischer Behandlung war, verschwand von Zeit zu Zeit, ohne ein Lebenszeichen von sich zu geben. Bei ihren ersten Abwesenheiten kündigte sie mir das Datum an und nannte mir die Gründe, berufliche Verpflichtungen in der Ferne. Aber dann sagte sie mir nichts mehr, weder vorher noch nachher. Wenn sie während der Sitzungen schwieg, überkamen mich sehr seltsame Gefühle. Ich war unkonzentriert, verlor den Faden meiner Gedanken, dachte an gar nichts mehr, was kaum zu meinen Gewohnheiten gehört. Es kann schon vorkommen, daß meine Aufmerksamkeit einmal nachläßt, aber dann habe ich doch Bilder vor Augen, steigen Erinnerungen an andere Momente mit dem Patienten in mir auf. Bei Monique, nichts – mein Geist setzte aus. Manchmal hatte ich das Gefühl, sie sei nicht da, obwohl sie anwesend war. Kurz, ihre tatsächlichen Abwesenheiten lösten Gleichgültigkeit in mir aus. Ich begleitete sie nicht wirklich, ich vergaß sie.

Wie mir scheint, entsprach diese fehlende Beteiligung einem Zusammenbruch ihrer eigenen Besetzung, ihrer unbewußten Objekte. Tatsächlich war auch ihre Mutter eine Frau, die plötzlich zu verschwinden pflegte, das Haus aber immerhin mit der Erklärung verließ, sie fahre zu ihren Verwandten, die in Osteuropa lebten. Als junges Mädchen hatte sie ihre heimatliche Umgebung überstürzt verlassen müssen, um aus dem Land zu fliehen, und sehr unter diesem Bruch gelitten. Wenn sie zurückkehrte, ging sie schwarz über die Grenze. Hatte sie dieses Erleben von Bruch, Leere und Schrecken auf ihre Tochter übertragen?

Ruth, eine andere Patientin, neigte zu einem fast psychopathischen Ausagieren. Nach der Geburt ihres ersten Kindes brachte sie den erst einige Wochen alten Säugling mit in die Sitzungen, das erste Mal, um mir stolz ihr Kind zu zeigen, dann, weil sie es, wie sie sagte, bei niemand anderem lassen konnte. Zwei Monate lang waren die Sitzungen oder vielmehr die therapeutischen Vorgänge durch das Baby unterbrochen, das es, wie man sich vorstellen kann, nicht gut ertrug, wenn man es in seiner Tragetasche in der Ecke stehenließ ... Die Mutter wurde unruhig, stand von der Couch auf, nahm es in die Arme. Es schrie weiter, und sie mußte ihm die Brust geben. Kaum angelegt, schlief es ein, doch nun bestand die Mutter auf ihrem Willen und gab ihm einen Klaps, um es zu wecken. Das Baby schlief weiter, nur als es in die Tasche gelegt wurde, fing es wieder an zu weinen. Bald gab es Komplikationen: Koliken. Die Angst der Mutter war nicht unschuldig daran. Der analytische Rahmen zerfiel endgültig, ich verwandelte mich in einen Beobachter, einen Voyeur der frühen Interaktionen zwischen Mutter und Säugling. Ruth konnte sich nicht von ihrem Kind trennen. War es in ihrer Phantasie unser eingebildetes Kind geworden?

Wie man einen Psychopathen erkennt ... und sich vor ihm hütet

Jean hatte einen Bekannten, Thomas, der ihm an den Fersen klebte, ihm überallhin folgte, Gesicht an Gesicht, wenn er mit ihm sprach. Dann wieder verschwand Thomas, ohne ein Lebenszeichen von sich zu geben. In solchen Momenten fühlte Jean sich erleichtert, aber auch beunruhigt. Eines Tages explodierte er: Er gab Thomas einen Tritt in den Hintern. Und wie ging es weiter? Thomas verschwand mit seinem Schuh.

Diese Geschichte gibt einige Anhaltspunkte. Klebrigkeit, plötzlicher Bruch, Begierde, Habsucht: Der Psychopath erträgt es nicht, einem anderen ausgeliefert zu sein. Er fürchtet, unweigerlich sein Untergebener zu werden, und glaubt, daß der andere es so will. Er reizt sein Gegenüber – manchmal bis zur Verzweiflung.

Es gibt Aussprüche, die er nicht ertragen kann: «Du hast dich leimen lassen», «Du bist zu passiv gegenüber anderen», «Du benimmst dich wie eine Frau» (sofern der Psychopath ein Mann ist) oder «Du wirst überwacht, man weiß alles über dich». Und es gibt Worte, deren Sinn er nicht kennt: «das ist verboten», oder: «sich tausendmal entschuldigen». Auch der Begriff «sich aus dem Staub machen» ist ihm unverständlich, da er sich anders gar nicht trennen kann.

7. Der Spieler

oder

Wie man sich selbst in Zugzwang bringt

Jeder perverse Charakter entwickelt einen der allgemeinen Züge, die ich am Anfang dieses Buches genannt habe, zu seinem Hauptmerkmal: der Mythomane die Mißachtung der Wahrheit; der narzißtisch Perverse den Bemächtigungswillen; der Sadist die Grausamkeit; der Voyeur die Neigung zum Geheimnis; der Kleptomane den Diebstahl des Objekts, das magisch die Liebe seines Eigentümers ausstrahlt. Der Spieler, auf den wir nun zu sprechen kommen, ist ein heilloser Genießer. Er erinnert an den Süchtigen, den Rauschgiftabhängigen, den Menschen, der für ein starkes Gefühl sein Leben riskiert. Er ist einer, der gern mit dem Feuer spielt: In gewissem Sinne liebt er es, sich zu verbrennen.

Im weiteren Sinne bezeichnet das Wort «spielen» eine universelle Tätigkeit. Man schafft fiktive Situationen, in die man sich selbst und gegebenenfalls äußere Elemente einbezieht: Beim Kind sind es die Spielzeuge. Die Phantasie nimmt im Spiel einen großen Platz ein. Auch vom Musiker oder vom Schauspieler sagt man, daß sie «spielen». Ihr Verdienst besteht unter anderem darin, auf der Grundlage eines existierenden Werks und innerhalb seiner Grenzen eine Illusion zu erzeugen.

Indem der Mensch spielt, übersetzt und verwandelt er seine schmerzlichen Erlebnisse. Das Spiel ist wie der Traum: Es inszeniert unsere Bedrängnisse und Schandtaten, erspart uns aber, den Schmerz zu empfinden, der mit ihnen einhergeht. Man versteht, daß Winnicott im Spiel einen Selbstzweck sieht, die höchste Stufe der geistigen Entfaltungsmöglichkeiten.

Aber wie die Sprache in den Fabeln des Äsop dient auch das Spiel dem Guten wie dem Bösen. Der pathologische Spieler ist ein Hasardeur, der sein Dasein zu einem Glücksspiel macht, einer ununterbrochenen Herausforderung des Schicksals. Das französische Wort *hasard* kommt übrigens von der arabischen Bezeichnung für «Würfel». Man kann drei Spielertypen unterscheiden:

1. den Gelegenheitsspieler oder «Sonntagsspieler», der jederzeit aufhören kann;
2. den professionellen Spieler, nüchtern und berechnend, der spielt, um zu gewinnen, und von seinen Gewinnen zu leben versucht – ein Typ, der «logisch» an das Spiel herangeht;
3. den pathologischen Spieler, impulsiv, überspannt, abergläubisch, abhängig, der nicht unbedingt gewinnen will, aber nicht aufhören kann und darum ins Verderben läuft: Ihn hat der Schwindel der Spielleidenschaft erfaßt, angeregt von widersprüchlichen Gefühlen, fasziniert vom Wetteifer, den Versuchungen der Täuschung erlegen.[1]

Der sogenannte professionelle Spieler existiert vielleicht nur im Kopf des pathologischen Spielers, der ihn für den idealen Spieler hält: kalt, hartnäckig und methodisch, einer, der spielt, um zu gewinnen, und sich zurückzieht, ehe das Blatt sich wendet – ein «Übermensch», um mit Dostojewskij zu sprechen, der über eine mathematische Lösung zu verfügen scheint.[2]

Der pathologische Spieler glaubt, das Schicksal werde eine Ungerechtigkeit wiedergutmachen, der er zum Opfer gefallen ist. Er denkt, manche seien von zuviel Ehrgeiz geschädigt, zu leistungsorientiert. In Wirklichkeit weiß er gar nicht, was harte und zähe Arbeit ist; er verwirft von vornherein den reizlosen Gedanken der Anstrengung und setzt ihm den des «schnellen Geldes» entgegen. Seine Einstellung ist ähnlich wie die der Börsenwelt: Man spekuliert ins Ungewisse, wettet auf das, was niemand voraussehen kann. Börsenmakler sind übrigens häufig leidenschaftliche Spieler.

Auch manche Sportler scheinen am Spiel interessiert, besonders solche, die einen Geschicklichkeitssport betreiben. Vielleicht sind sie von der Aufhebung des unterkühlten mechanischen Determinismus fasziniert, der für sie das «Gesetz des Vaters» wäre?

Eine Religion des Glücks

Unter einem bestimmten Gesichtspunkt erscheint das pathologische Spiel als eine Religion des Glücks. Jeder Perverse hält sich an einen Aspekt dessen, was «Glück» bedeuten kann. Denken wir nur an die Betrüger, die – wie manche anderen Delinquenten – eine seltsame Vorstellung von der Polizeigewalt haben, ähnlich der, die ein Spieler sich vom Spiel macht. Sie denken sich Situationen aus, als handele es sich um ein kreatives Spiel. Wenn sie andere mißbrauchen, ist das für sie eine Lust. Sie schlagen Profit aus der natürlichen Neigung der Leute, sich ihr Leben zu erträumen. Werden ihre Übeltaten aufgedeckt, sagen sie sich, sie hätten auf die falsche Zahl gesetzt, wie bei einem Glücksspiel; alles in allem sei das nur eine Frage der Statistik; ein schlechter Traum.[3] Für den Betrüger existiert die Polizei erst in dem Augenblick, in dem er ihr in die Falle geht. Er glaubt darum ganz einfach, er müsse nur vermeiden, sich bei einem Rechtsbruch überraschen zu lassen. Seine Haltung ist jedoch gespalten, denn obwohl er sich allem Anschein nach nicht erwischen lassen will, ist er fest überzeugt, daß auch dies letztlich Glückssache ist, und darum wird er unvorsichtig. Aber selbst wenn er einmal in die Mühlen der Justiz gerät, kann er sich durch eine spitzfindige Kenntnis des Strafgesetzbuchs oft aus der Affäre ziehen. Natürlich dürfen wir die Delinquenz nicht auf ihren spielerischen Charakter reduzieren. Er ist nur eine ihrer vielen Seiten.

Der Spieler hat das Gefühl, das Schicksal oder Gott würden ihm zu Hilfe kommen, wenn er hohe Risiken eingeht. Man kann sich fragen, ob diese «Mystik» nicht etwas mit der religiösen Bedeutung der antiken Orakel gemeinsam hat. Der Spieler sucht oft den Rat von Sterndeutern oder Wahrsagern, vielleicht in der Hoffnung, dem Glück auf diese Weise etwas nachhelfen zu können.

Bergler nennt sechs wesentliche Züge, die die Spielsucht charakterisieren.[4] Den ersten habe ich soeben erwähnt: die Bereitschaft des Spielers, unbedachte Risiken einzugehen. Der zweite besteht darin, daß sein Alltagsleben vom Spiel überschwemmt ist. Er benutzt alles, um zu spielen. Er wettet auf alles, wobei er sich auf seine Intuition verläßt, wenn es um Rennen oder Fußball geht, und auf die Gunst des Schicksals, wenn es sich um Lotto oder um Roulette handelt.

Ein drittes Merkmal ist ein «pathologischer Optimismus», der an Realitätsverleugnung grenzt: So unfähig erweist sich der Spieler, eine Lehre aus seinen Fehlern und Niederlagen zu ziehen. Das gleiche gilt viertens für seine «Unfähigkeit aufzuhören», und fünftens für die «Steigerung der Einsätze», die so weit gehen kann, daß er alles aufs Spiel setzt und zu verlieren droht, was er besitzt. Das sechste und letzte Charakteristikum des leidenschaftlichen Spielers ist das «Spielfieber». In diesem abgehobenen Zustand, der wie ein vorübergehender Wahn anmutet, hat der Schwindel ihn erfaßt, er ist selig.

Das Spiel zieht alles in seinen Bann. Keine Herausforderung ist groß genug, nichts ist mehr auszuschließen, wie der Fall eines Spielers mit Kasinoverbot zeigt, dem es immer aufs Neue gelang, durch bedenkenlose Verkäufe große Summen aufzutreiben. In bescheidenen Verhältnissen aufgewachsen, hatte er als Verwaltungsfachmann glänzende Karriere gemacht und ertrug es schlecht, daß seine Frau aus einer reichen Familie stammte, die ihr große Besitztümer hinterlassen hatte. Diese neidische Rivalität vor dem Hintergrund ehelicher Verstimmungen trieb ihn dazu, mit hohen Einsätzen zu spielen, bis seine Frau in die Zwangslage kam, ihre Güter und Kunstwerke eins nach dem anderen zu verkaufen. Für ihn war dies sicher eine Art, sie zu berauben, ihre generationsüberschreitenden Bindungen anzugreifen.

Wege der Empfindsamkeit

Das Beispiel Dostojewskijs ist insofern interessant, als sich seine krankhafte Spielsucht parallel zu seinen Liebesempfindungen entwickelt hat. Zehn Jahre lang, bis 1871, gab sich der große Schriftsteller einer geradezu rasenden Spielleidenschaft hin. Sein Werk zeugt davon, und sein Leben war zutiefst davon gezeichnet.[5] Man sieht es exemplarisch an der Beziehung zu seiner leidenschaftlichen Liebe, Polina Suslowa. Polina hatte ihn wegen eines Spaniers verlassen. Um sie zu treffen, war er ins Ausland gereist, doch statt zu ihr nach Paris zu fahren, legte er einen langen Aufenthalt in Deutschland ein, in einem der Kasinos, die damals groß in Mode waren. Dieser Aufenthalt ließ ihn seinen ursprünglichen Plan vergessen, so sehr war er vom Spiel geblendet. Dann sagte er sich, er wolle erst genügend Geld gewinnen, um seine Geliebte zurückzuerobern. Dabei hatte ihm die Beziehung zu Polina nur Enttäuschungen gebracht. Als er sie endlich traf – in der Zwischenzeit hatte sie mit ihrem Spanier gebrochen –, verweigerte sie sich ihm.

Erdrückt von einem Schuldenberg, der sich durch den Tod seines Lieblingsbruders Michail noch vermehrte, begann Dostojewskij zu dieser Zeit, seine gesammelten Werke zu verschleudern.

Als er in Zugzwang gegenüber seinem Verleger kam, dessen Vorschuß auf den nächsten Roman er bereits verspielt hatte, entschloß er sich zu einem Kraftakt und diktierte einer Stenographin seinen berühmten Roman *Der Spieler*. Er benötigte dafür drei Wochen.

Der Spieler ist geprägt von den noch frisch aufgewühlten Gefühlen seiner hitzigen Liebesbeziehung zu Polina. Die Handlung spielt in Deutschland und läßt sich in drei Stränge teilen. Der eine liefert eine bemerkenswerte Beschreibung der Welt des Spiels mit all ihren Ecken und Kanten, ihren Abenteurern und der vornehmen Gesellschaft, die nichts erschüttern kann; der andere ein Bild von den Kreisen der im Ausland lebenden Russen, darunter einige knauserige, kleinmütige Gestalten und Alexej, der Entwurzelte, ein Mensch, der immer «einer zuviel» ist – der romantische russische Held *par excellence*. Von ihm handelt die rührende Liebesgeschichte, die der dritte Strang erzählt, aus dem Leben des Schriftstellers gegriffen. Alexej ist Erzieher der jüngsten Kinder einer reichen Familie. Er verliebt sich in die ältere Tochter, die seltsamerweise Polina heißt und die er beharrlich umwirbt. Sie aber, kalt und entschlossen, unterwirft ihn einer hartherzigen Behandlung, indem sie ihn meidet, ihn flieht und ihm Vorstellungen von ihrer Liaison mit einem Franzosen in den Kopf setzt, um seine Eifersucht zu schüren. Alexej, der sich blind ihren Launen fügt, verspricht, ihr Sklave zu werden, hegt aber im Grunde seines Herzens einen mörderischen Haß auf diese Frau. Mit Genuß stellt er sich die Lust vor, die er empfinden würde, wenn er sie erwürgte oder ihr einen spitzen Dolch in die Brust stieße. Und die größte Schmähung des Liebesobjekts: Polina gibt sich ihm hin, nachdem er beim Roulette einen Glückstreffer gemacht hat – offensichtlich um des Geldes willen.

Die Verbindung dieser drei Erzählstränge erhellt einen Aspekt der Persönlichkeit des Spielers. Das Gefühl der Wurzellosigkeit, unter dem das Ich zusammenbricht, erzeugt eine so tiefe Unsicherheit, daß das Spiel beziehungsweise der Sadomasochismus zum letzten Rettungsanker wird.

Kurz nachdem Dostojewskij das Diktat des *Spielers* abgeschlossen hatte, schlug er seiner Stenographin eine Fortsetzung der Zusammenarbeit bei der Niederschrift von *Schuld und Sühne* vor und machte ihr bei dieser Gelegenheit eine Liebeserklärung, indem er ein eher düsteres Porträt von sich selbst skizzierte: ein finsterer, überheblicher Charakter, ein «Pechvogel» und gequälter Künstler, dem es «nie gelungen ist, seine Ideen in die gewünschte Form zu bringen».

Die junge Stenographin, Anna Grigoriewna, nahm seinen Heiratsantrag an. Doch die Ehe brachte ihm nicht die Stabilität, die man hätte erwarten können. Die Spielwut trieb ihn abermals ins Ausland, und wieder häuften sich die Schuldscheine. Die Erinnerung an Polina, mit der er oft im Kasino gewesen war, verfolgte ihn immer noch. Aus der Lektüre Dostojewskijs spricht ein Schwanken zwischen den Wegen seiner Liebesempfindungen und der Leidenschaft, die das Spiel bei ihm entzündet: In beiden Fällen handelt es sich um Vorgänge der Selbstbefriedigung.

Freud schreibt dazu: «Das Spiel war ihm auch ein Weg zur Selbstbestrafung. Er hatte ungezählte Male der jungen Frau [Anna Grigoriewna] sein Wort oder sein Ehrenwort gegeben, nicht mehr zu spielen oder an diesem Tag nicht mehr zu spielen, und er brach es, wie sie sagt, fast immer. Hatte er durch Verluste sich und sie ins äußerste Elend gebracht, so zog er daraus eine zweite pathologische Befriedigung. Er konnte sich vor ihr beschimpfen, demütigen, sie auffordern, ihn zu verachten, zu bedauern, daß sie ihn alten Sünder geheiratet, und nach dieser Entlastung des Gewissens ging dies Spiel am nächsten Tag weiter. Und die junge Frau gewöhnte sich an diesen Zyklus, weil sie bemerkt hatte, daß dasjenige, von dem in Wirklichkeit allein die Rettung zu erwarten war, die literarische Produktion, nie besser vor sich ging, als nachdem sie alles verloren und ihre letzte Habe verpfändet hatten. Sie verstand den Zusammenhang natürlich nicht. Wenn sein Schuldgefühl durch die Bestrafungen befriedigt war, die er selbst über sich verhängt hatte, dann ließ seine Arbeitshemmung nach, dann gestattete er sich, einige Schritte auf dem Wege zum Erfolg zu tun.»[6]

Am Ende der langen Periode, die Dostojewskij sich der Spielsucht hingab, schrieb er einen Brief, der ein Fragment seiner «Selbstanalyse» enthüllt. Zu dieser Zeit, gesteht er, hatte ihn der Verlust seines Bruders zutiefst erschüttert. Er befand sich also in einem Zustand großer Verwirrung, als er zu hoffen begann, durch Gewinne am Spieltisch seine Schulden begleichen und sich womöglich sogar bereichern zu können. Dieser Bruder war ihm ein außerordentlich wichtiger Gefährte gewesen, insbesondere durch seine Mitarbeit an der literarischen Produktion. Außerdem hatte ihre kränkliche Mutter die beiden, als sie noch klein waren, in eine Pension geben müssen, was sicher dazu beigetragen hat, sie einander näherzubringen. Die enge Freundschaft zu seinem Bruder Michail spielte für Dostojewskij zweifellos eine Ersatzrolle, da der Vater ein unzugänglicher Despot, eben ein «dostojewskijscher Vater» war. Man spürt Dostojewskijs Wehmut, nie einen liebenden, schützenden und zugleich strengen Vater erlebt zu haben, als er in *Der Spieler* seine Bewunderung für den «deutschen Vater» zum Ausdruck bringt. Vielleicht haben seine ambivalenten Gefühle gegenüber Frauen und sein Bedürfnis, ihre Ermahnungen auf sich zu ziehen und sich von ihnen demütigen zu lassen, ihren Ursprung in dieser besonderen Familiensituation?

Verwandlungen

Bollas hatte die Idee, die Beziehung zwischen dem Säugling und seiner Mutter noch einmal ganz neu unter dem Aspekt zu untersuchen, welche Reaktionen die Mutter unter den erstaunten Augen des Babys zeigt.[7] Dabei stellte er eine Ähnlichkeit zwischen der Wahrnehmung des Babys und dem Glauben des Spielers fest. Das kleine Wesen hat in der Tat höchst seltsame Eindrücke: Es weint, und schon kommt seine Mutter; es lächelt, und ihre Züge hellen sich auf, sie strahlt vor Glück; es ist beunruhigt, und sie findet Worte, die es seinen Kummer vergessen machen.

Das Primärobjekt ist verwandlungsfähig: Das Kind hat den Eindruck, magische Kräfte zu besitzen. Während sich diese Einstellung normalerweise mit zunehmendem Alter zurückbildet und verschwindet, behält der Spieler sie bei. Er erlebt das Spiel, das ihm die Fähigkeit zu haben scheint, eine Münze in unglaubliche Summen zu verwandeln, als einen Rest der faszinierenden Beziehung zu seiner Mutter. Sicher hat auch Dostojewskij solche Erfahrungen gemacht, bevor er von seiner Mutter getrennt war.

Freud zufolge reproduziert der Spieler die Lust der Onanie. In der Novelle *Vierundzwanzig Stunden aus dem Leben einer Frau* von Stephan Zweig, die er am Ende seines Beitrags über Dostojewskij analysiert, verliebt sich die Heldin in einen Spieler, der zwanzig Jahre jünger ist als sie, und beschließt, ihn zu retten. Sie ist fasziniert vom Anblick seiner Hände beim Spiel, die alle seine

Empfindungen verraten. Diese Beziehung zwischen dem Spieler und seinen Händen enthüllt den onanistischen Aspekt des Spiels. Indem die Frau, die ihn retten will, sich dem Spieler hingibt, erinnert sie an die Mutter, die sich Sorgen macht um die Onanie ihres jugendlichen Sohnes. Die Liebe, so glaubt sie, könne ihm die geistigen und körperlichen Folgen der damals für höchst unheilvoll gehaltenen Selbstbefriedigung ersparen. Der russische Dichter schwankte in der Tat zwischen der Frau und dem autoerotischen Rückzug. Mehrere Aspekte bestätigen es: die unwiderstehliche Versuchung trotz der «heiligen und doch nie gehaltenen Vorsätze, es nie wieder zu tun»[8]; die Ritualisierung, die rhythmische Wiederholung der allmächtigen Ersetzung des anderen Geschlechts, dann die plötzliche Verwandlung, die Lust des Orgasmus, der Höhepunkt und schließlich der Gewinn, der Ertrag. Das spätere Schuldgefühl wird von Freud im gleichen Sinne interpretiert.

Ein klinisches Beispiel:
«Vorwärts in den Untergang»

Daniel war einer meiner Patienten, bei dem Kartenspiel und Kasinobesuche einen relativ wichtigen Platz einnahmen. Obwohl er mir wenig darüber erzählt hat, bietet sein Fall interessantes Material, um die unbewußten Grundlagen des Spielers zu analysieren. Sein Leben erschien als ein einziges Spiel. Auch an seine beruflichen Aktivitäten ging er wie an ein Spiel heran, stürzte sich in ebenso aufregende wie unrealistische Geschäfte. Manchmal brachte er sie trotzdem zum Erfolg. Ich glaube, die Analyse hat ihm geholfen, das alles zu durchschauen.

Daniel wurde in einer deutschen Großstadt geboren. Er kam mitten in der Krise zu mir, kurz zuvor hatte er sein ganzes Vermögen verloren. (Wie er mir sagte, hatte er früher eine lange Analyse gemacht.) Ohne auf die Warnungen seiner Ratgeber und Freunde zu hören, hatte er seine Finanzgeschäfte zu einem Zeitpunkt fortgesetzt, als die Märkte rückläufig waren, im Augenblick des Golfkriegs. Er hatte weiterhin große Summen investiert, von denen kaum etwas geblieben war. Nun suchte er die Gründe dieser Realitätsverleugnung, die nicht zu seinen Gewohnheiten gehörte. Er erinnerte sich an eine Geschichte, die sein Vater ihm seltsamerweise immer wieder erzählt hatte. Der Vater war

Offizier der deutschen Armee bei der Belagerung von Stalingrad gewesen. Seine Vorgesetzten hatten ihm befohlen, mit seiner Panzereinheit um jeden Preis standzuhalten. Im Morgengrauen sah er zahllose sowjetische Panzer auf seine Stellungen zurollen und befahl seinen Leuten den Rückzug. «Siehst du, manchmal muß man den Gehorsam verweigern, um die eigene Haut zu retten», pflegte er abschließend zu sagen. In Gefahr, erschossen zu werden, hatte er es vorgezogen, zu fliehen. Daniel begriff, daß er durch seine Haltung im gegenwärtigen Krieg das genaue Gegenteil von dem tun wollte, was der Vater seinerzeit getan hatte: lieber vorwärts stürmen, als sich schützen – mit der Folge, daß er erst sein Realitätsgefühl und dann seine soziale Stellung verlor.

Als Kind hatte Daniel große Bewunderung für seinen Vater empfunden, der ein zurückhaltender, arbeitsamer Mann war. Seine Eltern gingen selten zusammen aus. In den Ferien verreiste er allein mit seiner Mutter; er schämte sich deswegen, und es war ihm peinlich, wenn Männer versuchten, die Mutter anzumachen und sie zu verführen. Daniel kannte seinen Vater vor allem aus den Zeitungen, nicht, weil er nie zu Hause gewesen wäre, sondern weil er eine stadtbekannte Persönlichkeit war und häufig Interviews gab. Der spektakuläre Erfolg der finnischen Athleten bei den Olympischen Spielen der fünfziger Jahre hatte ihn auf die Idee gebracht, Saunas zu eröffnen. Die Saunas waren ein großer Erfolg, die gutsituierten Leute strömten in Scharen herbei, und alle kamen zu Daniels Vater, der bald als der «Saunakönig» galt. Dennoch empfand mein Patient ein sehr merkwürdiges Gefühl. Er dachte, die Erwachsenen hätten die Gewohnheit, Inszenierungen zu veranstalten. Sie sagten nicht, was sie dachten, wenn sie überhaupt eigene Gedanken hatten, sondern was ihnen vorgeschrieben wurde. Er hatte den Eindruck, die Welt sei eine Bühnenillusion. Das alles kam ihm sehr befremdlich vor, aber er hütete sich, anderen davon zu erzählen.

Durch die Analyse wurde ihm klar, daß sein Eindruck auf Situationen zurückging, von denen er nichts wissen durfte. Die «Inszenierung» entsprach der Tatsache, daß sein Vater ein Doppelleben führte, das ihm verheimlicht wurde. Seine eigene Mutter, die ihre Ehebeziehung idealisierte, trug zu dieser Verheimlichung bei. Daniel erfuhr die Wahrheit auf eine Art, die für ihn sehr schmerzlich war. Nach seinem Abitur ging er im Büro des Vaters arbeiten und verliebte sich in Kathy, eine attraktive junge Sekretärin, eine von denen, die «die Männer verrückt machen». Das junge Mädchen wies ihn «freundlich» ab. Er war natürlich enttäuscht. Später erfuhr er, daß sie die Geliebte seines Vaters war. In der Folge seiner Assoziationen verstand Daniel den Grund, warum die Eltern gewollt hatten, daß er seine Ausbildung in einer anderen Stadt fortsetzte. Er verstand auch die Traurigkeit seiner Mutter, die danach beschlossen haben soll, sich vom Vater scheiden zu lassen. Warum hat er seine Tochter, ein äußerst romantisches Mädchen, ausgerechnet Katharina genannt?

Später hat sein Vater ihn ins Vertrauen gezogen, wie um sich für all die Schwierigkeiten zu entschuldigen, was für Daniel aber auch nicht unproblematisch war: Der Vater bezichtigte seine Frau, sie sei kindisch und habe ihn nie unterstützt. Kurz, er hielt sie für «jemand, der nie auf dem laufenden» war.

Daniel «wußte» das alles, aber die Analyse hat ihm geholfen, die Verbindungen herzustellen, die durch die Spaltung abgeschnitten waren, und das Gefühl der Bühnenillusion zu überwinden. Durch diese neuen Verknüpfungen war er sich auch über sein Geschäftsgebaren klargeworden: Er war ein «Illusionssucher». Viele Dinge, die den gewöhnlichen Sterblichen unmöglich erscheinen, waren es für ihn nicht. Heute spielt er nicht mehr im Kasino. Er hat begriffen, daß man nur verlieren kann. Aber er spielt noch im Internet. Wie ihm scheint, ist das die einzige Methode, die hundert Prozent sicher ist.

Ein Traum hat uns geholfen, die Analyse dieses Familienbetrugs zu vertiefen. In diesem Traum sah er sich in Begleitung seiner Frau aus einem Restaurant kommen. Die Besitzer waren schon im Begriff, zu schließen, aber er beschloß trotzdem, noch einmal umzukehren, um auf die Toilette zu gehen. Die Besitzer, die, wenn er recht verstanden hatte, etwas naiv waren, sagten ihm, der Durchgang zu den Toiletten sei versperrt, es sei Feierabend. Tische und Stühle waren vor dem Eingang aufgebaut, doch er bestand darauf, daß sie weggeräumt wurden. Die Toiletten waren nicht geschlossen. Man konnte hineinsehen. Er drehte sich um und bemerkte, daß anders, als die Besitzer behauptet hatten, noch Gäste da waren. Sie lachten, offenbar in der Annahme, er habe ihnen einen Streich gespielt. Er lachte mit. Der Traum endete, ohne daß er urinieren konnte.

In seinen Assoziationen sprach er von einem «Streich», den er Unternehmern gespielt habe, als er sie glauben machte, er verfüge über das große Geld. Das hatte ihm am Ende eine hübsche Summe eingebracht. In seinem Beruf war er in der Tat sehr erfolgreich, weil er es verstand, sich für einen Mann mit den besten Beziehungen und viel Erfahrung auszugeben, was in gewissem Sinne stimmte. Er hatte mit Leuten unterschiedlicher Geschäftsebenen zu tun, die oft miteinander in Konflikt waren; er bekam es hin, jedem das Gefühl zu geben, er habe «gewonnen».

Am Ende der Sitzung sagte ich ihm, die Rückkehr in ein Restaurant, das er gerade verlassen hatte, habe eine Gemeinsamkeit mit seiner Rückkehr zur Analyse. Er sei ganz allein hier, um seine Wahrheit bloßzustellen, seine Vergangenheit, und erhoffe sich von mir Verständnis und Komplizenschaft.

Ich glaube, Daniel hat es verstanden, die Täuschungsmanöver seiner Familie in ihr Gegenteil zu verkehren, indem er sich unbewußt von ihnen inspirieren ließ, um sein Berufsleben zu organisieren. Er begab sich nie in die Illegalität, wußte aber die Unklarheiten und Widersprüche der Gesetzestexte auszunutzen. Er schuf Illusionen, gerade genug, um seinem Narzißmus und dem der anderen zu schmeicheln, ohne je in Betrug zu verfallen.

Als Kind war er magersüchtig gewesen und wäre fast daran gestorben. Eine Stütze hatte er nur bei einer fernen Cousine gefunden, die sehr viel Geduld aufbrachte, ihn zum Essen zu bewegen. Das war eine Anspielung auf seine Beziehung zu mir. Er erzählte mir einen Traum, in dem nach einem heftigen Unwetter ein Fluß über die Ufer getreten war. Er ging über eine überschwemmte Straße und kam mühsam voran, aber er kämpfte nicht, er hatte keine Angst, obwohl ihm das Wasser bis zum Hals stand: Er verließ sich darauf, das nächste Haus zu erreichen. «Hauptsache, mein Kopf bleibt draußen», sagte er sich. Dieser Traum bestätigt seine Neigung, die Gefahr zu suchen und mit knapper Not zu meiden.

Mit dem Feuer spielen

Bringen manche dieser Patienten nicht ihre Sicherheit oder gar ihr Leben in Gefahr, um sich das Gefühl zu verschaffen, eine Wiedergeburt zu erleben? Ist ihnen die Schuld gegenüber ihren Eltern, die ihnen das Leben geschenkt haben, eine zu schwere Last?

Sicher hoffen sie, sich davon zu befreien, indem sie sich zum Schöpfer ihrer eigenen Existenz erklären.

Diese Interpretation trifft auf Menschen zu, die, ähnlich wie der Spieler, ein Risikoverhalten an den Tag legen, indem sie sich freiwillig und wiederholt in extreme Gefahr begeben. Zu ihnen gehören diejenigen, die sogenannten «Risikosport» wie Ultraleichtfliegen, Klettern, Fallschirmspringen oder Wildwasserkanu betreiben, die mit Ruderbooten den Ozean überqueren oder ohne Atemgerät tauchen. Sie ziehen diese Sportarten in feindlicher Umgebung den «künstlichen» angeblich vor, weil sie ihnen erlauben, in Kontakt mit der wilden, unberührten Natur zu bleiben. Letztlich benehmen sie sich jedoch genau wie die anderen, die zur Prüfung ihrer physischen Widerstandskraft moderne Höchstgeschwindigkeitstechniken benutzen. Auch wiederholte Selbstmordversuche, «ungeschützter» Geschlechtsverkehr in einer Zeit, in der Aids umgeht, oder die Drogensucht Jugendlicher können als Risikoverhalten bezeichnet werden.[9]

Was treibt sie, sich solchen Gefahren auszusetzen? Es sind die Werte eines bestimmten Teils der Jugend: Mut, Heldenhaftigkeit, Prestige, aber auch Angst, die wie der Schmerz sekundärerotische Empfindungen auslösen. Sie schwanken zwischen der Verleugnung der Gefahr und einem gewissen Lustgefühl.

Der Begriff «ordalisches Verhalten», abgeleitet von Ordal, dem Gottesurteil, umfaßt die Gesamtheit dieser Verhaltensweisen, die sich mit einem berauschenden Gefühl und vor allem mit der tiefen Überzeugung verbinden: «Es ist Gottes Sache, zu entscheiden, ob ich die Prüfung überlebe oder nicht.»[10] Man sagt, die Spieler «begeben sich in die Hände des Schicksals». Wenn man etwas nachgräbt, kann man darin eine Wahnvorstellung oder die Unterwerfung unter ein obskures Über-Ich sehen. Aber wie auch immer dieser unbewußte Determinismus beschaffen sein mag, die Nähe zwischen dem ordalischen Verhalten und den perversen Mechanismen liegt auf der Hand. Beide erscheinen als schnelles und flüchtiges Heilmittel gegen ein inneres Unbehagen.

Wie man einen Spieler treffsicher erkennt

Der Spieler will Gott als seinesgleichen behandeln. Er fordert die Naturgesetze heraus, will beweisen, daß Geschwindigkeit und Kraft das Spiel des Gleichgewichts und der Gravitation neutralisieren können, daß der Zufall imstande ist, die Notwendigkeit vom Thron zu stoßen. Erinnern wir uns an das Wortspiel von Lacan, der vorschlug, das Wort «pervers» in «per-vers» zu zerlegen und als *père* (Vater) – *vers* (entgegen) zu lesen: «dem symbolischen Vater entgegen».[11] So hoch möchte auch der Spieler gern hinaus.

Für ihn ist bezeichnend, daß er zwischen zwei Extremen schwankt, die an die gegensätzlichen Wahrnehmungen erinnern, die der Perverse von der phallischen Kastration seiner Mutter hat: Auf der einen Seite der berauschende Höhepunkt, der Triumph, der große Gewinn, das «Alles ist möglich», also eine Art Verleugnung der Kastration; auf der anderen Seite der Verlust, der tiefe Fall, der ihn auf seine eigenen Grenzen verweist.

Anmerkungen

Einleitung

1 Mit «Charakter» ist eine ursprüngliche Veranlagung der Individuen gemeint, die dazu führt, daß sie in den verschiedenen Lebenssituationen auf eine besondere Art und Weise reagieren. Wir wissen nicht, wann sich ein Charakter festsetzt. Die gemeinsamen Merkmale von Charakterpathologien sind Unbeweglichkeit und Starrheit, die Ablehnung jeglicher Veränderung. Im Unterschied zum Krankheitssymptom verursacht eine Charakterstörung kein Unwohlsein. Was den «perversen Charakter» betrifft, so äußert sich die Störung vorwiegend auf der Beziehungsebene. «Charakterperversion» ist ein Synonym, bei dem stärker hervortritt, daß der Charakter, der normalerweise der Selbstbehauptung dient, hier von seinen Zielen abgelenkt ist. Ein weiterer nahestehender Begriff ist «Perversität».

2 Die moralischen Perversionen können mit sexuellen Perversionen einhergehen, deren krankhafte und gefährliche Züge sie verstärken. In den Augen vieler Fachleute läßt erst das Vorhandensein und das Ausmaß einer solchen Charakterperversion die Schwere einer sexuellen Perversion ermessen. Umgekehrt gibt es aber auch sexuell Perverse, die dank ihrer abgelenkten Sexualität kein mißbräuchliches oder manipulatives Verhalten gegenüber anderen entwickeln: Die Triebabfuhr und die erotische Lust scheinen diese Neigungen zu mildern und dem Individuum ein Ausagieren zu ersparen. Ist es eine Frage des Gleichgewichts zwischen dem einen und dem anderen? Jacob Arlow hat vier perverse Charaktere untersucht: den Irrealisten, den leichtfertigen Lügner, den Spaßvogel und den Schwindler. Er stellt fest, daß manche Charaktergestörten in ihrer Jugend ein auffälliges Sexualverhalten gezeigt haben (süchtige Sexualität, wahlloser Partnerwechsel, Liebe zu mehreren); dieses Verhalten habe aufgehört oder sich in perverses Verhalten gewandelt. Vgl. Jacob Arlow, «Les perversions caractérielles», in: *Revue française de psychanalyse*, 1972, 36, 41, S. 207–225.

3 Siehe dazu Alberto Eiguer, *Du bon usage du narcissisme*, Paris 1999.

Der Mythomane

1 Vgl. S. Mulhern, «Entretien avec M. Zafiropoulos et A. Malarewicz», in: *Synapse*, 1993, 97, S. 19–29; «Le trouble de la personnalité multiple: douze ans après la DSM III», in: *Psychiatrie française*, 1992, 23, 4, S. 104–114.

2 Vgl. Phyllis Greenacre, «Relation entre l'imposteur et l'analyste», in: *Psychoanalytic Quarterly*, 1959.

3 Michel Neyraut, «La mythomanie», in: *Encyclopédie médico-chirurgicale; Psychiatrie*, Paris 1962, 37130 F10.

4 Vgl. Sigmund Freud, «Einige Charaktertypen aus der psychoanalyti-
4 Vgl. Sigmund Freud, «Einige Charaktertypen aus der psychoanalyti-
schen Arbeit», in: *Gesammelte Werke*, Frankfurt am Main 1968, Bd. X,
S. 364–391.

Das falsche Selbst

1 Vgl. Massud Khan, *Le soi caché*, Paris 1976.
2 Vgl. A. Eiguer, *La folie de Narcisse*, Paris 1991.
3 Vgl. Christopher Bollas, «L'objet transformationnel», in: *Revue française
de psychanalyse*, 1989, 53, 4, S. 1181–1199.
4 Vgl. Alberto Eiguer, *Une fêlure dans le miroir*, Paris 1994.
5 Vgl. Jules Amédée Barbey d'Aurevilly, *Du dandysme et de Georges Brum-
mel*, Paris 1845; dt. *Vom Dandytum und von G. Brummell*, übers. von
Richard von Schankel. Charles Baudelaire, *Le dandy*, Paris 1863; dt. *Der
Dandy*, Leipzig 1994.

Der Narzißt

1 Vgl. Paul-Claude Racamier, *Les schizophrènes*, Paris 1980; dt. *Die Schizophrenen*, übers. von M.-H. Müller, Berlin 1982.
2 Vgl. Melanie Klein, *Die Psychoanalyse des Kindes*, München 1973.
3 Vgl. Paul-Claude Racamier, *Le génie des origines*, Paris 1992.
4 Vgl. Havelock Ellis, «Autoerotism, a Psychological Study (1898)», in: *Stu-
dies in the Psychology of Sex*, New York 1961.
5 Vgl. Sigmund Freud, «Zur Einführung des Narzißmus», in: *Gesammelte
Werke, a. a. O.*, Bd. X, S. 138–170.
6 Vgl. Alberto Eiguer, *Le pervers-narcissique et son complice*, Paris 1989.
7 Choderlos de Laclos, *Les liaisons dangereuses*, Paris 1782; dt. *Gefährliche
Liebschaften*, übers. von Franz Blei, Zürich 1985, S. 87.
8 *Ebenda*, S. 182.
9 William Shakespeare, *Othello*, London 1622; dt. *Othello*, übers. von Wolf
Heinrich Graf Baudissin, Stuttgart 1971, S. 44.
10 *Ebenda*, S. 46.
11 Honoré de Balzac, *Splendeurs et Misères des Courtisanes*, Paris 1938–47; dt.
Glanz und Elend der Kurtisanen, übers. von Emil A. Reinhardt, Zürich
1977, S. 125 und 128 f.
12 *Ebenda*, S. 623.
13 *Ebenda*, S. 623 f.

Der Zyniker in der Politik

1 Vgl. Sigmund Freud, «Der Witz und seine Beziehung zum Unbewußten»,
in: *Gesammelte Werke, a. a. O.*, Bd. VI, S. 5–269.
2 Vgl. J. E. Towne, «Scepticism as a Freudian ‹Defense Reaction›», in: *The
Psychoanalysis Revue*, 1920, Nr. 2.
3 Vgl. Niccolò Machiavelli, *Il principe (1532); Der Fürst*, ital./dt., übers. von
Philipp Ruppel, Stuttgart 1986.

4 Vgl. Enrique Pichón Riviere, *De la psychanalyse à la psychologie sociale*, Buenos Aires 1971.

5 Vgl. Sigmund Freud, «Das ökonomische Problem des Masochismus», in: *Gesammelte Werke, a. a. O.*, Bd. XIII, S. 371–383.

6 Vgl. Sigmund Freud, «Massenpsychologie und Ich-Analyse», in: *Gesammelte Werke, a. a. O.*, Bd. XIII, S. 73–161.

7 Vgl. Michel Onfray, *Cynismes*, Paris 1990; dt. *Der Philosoph als Hund*, übers. von Eva Moldenhauer, Frankfurt am Main/New York 1991.

8 Vgl. M. Berger, *La folie cachée des hommes de pouvoir*, Paris 1992.

9 Vgl. Alberto Eiguer, «Le cynisme. Aspects cliniques et psychosociologiques», in: *Revue de psychothérapie psychanalytique de groupe*, 1996, Nr. 7. Franco Di Maria und Gioacchino Lavanco, *La maffia nella mente*, Palermo 1995.

Der Masochist

1 Vgl. Alberto Eiguer, «Le masochisme dans le lien et le masochisme psychosocial. Interview imaginaire», in: *Actualidad psicologica*, Sondernummer zum Gedenken an Pichón Riviere, Mai 1996.

2 Die Beziehungs-Theorie besagt, daß ein Individuum sich nicht außerhalb einer interfunktionalen, wechselseitig anregenden Beziehung zu einem anderen vorstellen kann; siehe dazu Enrique Pichón Riviere, *De la psychanalyse ...*, a. a. O.

3 Vgl. Sigmund Freud, «Triebe und Triebschicksale», in: *Gesammelte Werke, a. a. O.*, Bd. X, S. 210–232. Ein Triebschicksal ist die Art und Weise, wie der Trieb sich entwickelt, mit anderen Elementen des psychischen Apparats in Verbindung tritt, sich verwandelt und Abwehrreaktionen hervorruft. Für den Begründer der Psychoanalyse wohnen dem Unbewußten ähnliche Neigungen inne wie die, die sich in den Symptomen des Wahns und der sexuellen Abweichungen kundtun.

4 Vgl. Sigmund Freud, «‹Ein Kind wird geschlagen›. Beitrag zur Kenntnis der Entstehung sexueller Perversionen», in: *Gesammelte Werke, a. a. O.*, Bd. XII, S. 197–226.

5 Siehe das Vorwort von Gilles Deleuze zur französischen Ausgabe (Paris 1973) der Novelle von Leopold Ritter Sacher-Masoch, *Venus im Pelz*, Stuttgart 1870.

6 Vgl. José Bleger, «Le groupe comme institution et le groupe dans les institutions (1971)», in: Kaës u. a., *L'institution et les institutions*, Paris 1987, S. 47–61.

7 Vgl. Sigmund Freud, «Das ökonomische Problem des Masochismus», a. a. O.

8 Vgl. *ebenda*. Richard Freiherr von Krafft-Ebing, *Psychopathia sexualis*, Stuttgart 1893; die oben erwähnte Ausgabe ist von 1923.

9 Vgl. Enrique Pichón Riviere, «La perversion sadomasochiste. Une lecture de psychanalyse sociale», in: *Revue de psychothérapie psychanalytique de groupe*, 1994, Nr. 22, S. 21–32.

10 Wilhelm Reich, *Charakteranalyse*, Berlin 1933, S. 244 f.

11 Vgl. Sigmund Freud, «Dostojewski und die Vatertötung», in: *Gesammelte Werke, a. a. O.*, Bd. XIV, S. 399–418; die Analyse des Rattenmannes findet sich in: «Bemerkungen über einen Fall von Zwangsneurose», *ebenda*, Bd. VII, S. 381–463.

12 Vgl. Richard Freiherr von Krafft-Ebing, *Psychopathia sexualis, a. a. O.*

13 Vgl. Sandor Ferenczi, *Zur Erkenntnis des Unbewußten*, München 1978.

14 Vgl. Helene Deutsch, «Some Forms of Emotional Disturbance and their Relationships to Schizophrenia», in: *Psychoanalytic Quarterly*, 1942, Nr. 11, S. 301–321; Joyce McDougall, *Plaidoyer pour une certaine anormalité*, Paris 1974; dt. *Plädoyer für eine gewisse Anormalität*, Gießen 2001; José Bleger, *Simbiosis y ambigüedad*, Buenos Aires 1967; Alberto Eiguer, *Une fêlure dans le miroir, a. a. O.*

15 Vgl. Jean Laplanche, «Masochisme et théorie de la séduction généralisée», in: *Psychanalyse Universitaire*, 1992, 17, 62, S. 3–18.

16 Vgl. Sigmund Freud, «Das Unbehagen in der Kultur», in: *Gesammelte Werke, a. a. O.*, Bd. XIV, S. 421–506.

Der Psychopath

1 Vgl. H. Flavigny, «De la notion de psychopathie», in: *Revue de neuropsychiatrie de l'enfant et de l'adolescent*, 1977, 25, S. 19–75.

2 Vgl. José Bleger, «Le groupe comme institution et le groupe dans les institutions», *a. a. O.*

3 Vgl. Donald D. Winnicott, *Deprivation and Delinquency*, London 1985; dt. *Aggression: Versagen der Umwelt und antisoziale Tendenzen*, übers. von Ursula Goldacker-Pohlmann, Stuttgart 1988.

4 Vgl. C. Balier, Artikel in: *Le monde des Débats*, Juni 1994; *Psychanalyse des comportements sexuels violents*, Paris 1996.

5 Vgl. Béla Grunberger, *Narcisse et Anubis*, Paris 1989; dt. *Narziss und Anubis*, übers. von Eva Moldenhauer, München 1988.

6 Vgl. D. Liberman, in: *Psychanalyse de la manie et de la psychopathie*, Buenos Aires, 1966, S. 34.

7 Vgl. Alberto Eiguer, «La part maudite de l'héritage», in: *Le générationnel*, Paris 1997; Serge Tisseron, *Les secrets de famille. Mode d'emploi*, Paris 1995; dt. *Die verbotene Tür*, übers. von Inge Leipold, München 1998.

8 Vgl. H. Ey u. a., *Manuel de psychiatrie*, Paris 1974.

9 Vgl. A. Green, *Le discours vivant*, Paris 1972.

10 Vgl. G. Mauger, «Le monde des bandes», in: *Revue de neuropsychiatrie de l'enfant et de l'adolescent*, 1995, 43, 3, S. 99–102.

11 Vgl. Jean Genet, *Journal d'un voleur*, Paris 1949; dt. *Tagebuch eines Diebes*, Reinbek 1982.

Der Spieler

1 Vgl. I. Kusyszyn, «The Gambling Addict versus the Gambling Professional, a Difference in Character?», in: *International Journal of Addictions*, 1972, 7, 2, S. 387–393.

2 Vgl. René Fülöp-Miller und F. Ekstein, *Dostoïevski à la roulette. Lettre à Ania du 18 mai 1867*, Paris 1927.

3 Vgl. M. Dubec, *Les maîtres trompeurs. Vrais et faux escrocs*, Paris 1996.

4 Vgl. E. Bergler, *The Psychology of Gambling*, New York 1957.

5 Vgl. Fjodor M. Dostojewskij, *Igrok*, Leningrad 1866; dt. *Der Spieler*, übers. von Arthur Luther, München 1981.

6 Sigmund Freud, «Dostojewski und die Vatertötung», *a. a. O.*, S. 415.

7 Vgl. Christopher Bollas, «L'objet transformationnel», *a. a. O.*

8 Sigmund Freud, «Dostojewski und die Vatertötung», *a. a. O.*, S. 417.

9 Vgl. J. Ades, M. Lejoyeux und V. Tassain, «Séméiologie des conduites à risque», in: *Encyclopédie médico-chirurgicale; Psychiatrie*, 114, A-70, Paris 1994.

10 A. Charles-Nicolas und M. Valleur, «Les conduites ordaliques», in: Claude Olievenstein, *La vie du toxicomane*, Paris 1980.

11 Jacques Lacan, *Écrits*, Paris 1966; dt. Auswahl, *Schriften*, hrsg. von Norbert Haas, Olten 1975.

Psychologie bei C.H.Beck

Claudia Czerwinski / Ursula Sottong (Hrsg.)
Kinder kriegt man zusammen – keine auch
Sexualität, Empfängnis, Familienplanung
2001. 123 Seiten mit 14 Abbildungen. Paperback
Beck'sche Reihe Band 1429

Franz X. Eder
Kultur der Begierde
Eine Geschichte der Sexualität
2002. Etwa 290 Seiten mit etwa 10 Abbildungen. Paperback
Beck'sche Reihe Band 1453

Heinz Häfner
Das Rätsel Schizophrenie
Eine Krankheit wird entschlüsselt
2., aktualisierte Auflage. 2001. 415 Seiten. Broschiert

Christiane Nevermann / Hannelore Reicher
Depressionen im Kindes- und Jugendalter
Erkennen, Verstehen, Helfen
2001. 257 Seiten mit 3 Abbildungen und 6 Tabellen.
Beck'sche Reihe Band 1440

Julia Onken
Altweibersommer
Ein Bericht über die Zeit nach den Wechseljahren
2002. Etwa 190 Seiten. Paperback
Beck'sche Reihe Band 1468

Reinhard Werth ·
Legasthenie und andere Lesestörungen
Wie man sie erkennt und behandelt
2001. 166 Seiten mit 24 Abbildungen. Paperback
Beck'sche Reihe Band 1422

Verlag C.H.Beck München

Philosophie bei C.H.Beck

Otfried Höffe (Hrsg.)
Lexikon der Ethik
In Zusammenarbeit mit Maximilian Forschner, Christoph Horn
und Wilhelm Vossenkuhl
6., neubearbeitete und erweiterte Auflage. 2002.
Etwa 370 Seiten. Paperback
Beck'sche Reihe Band 152

Leszek Kolakowski
Der metaphysische Horror
2002. Etwa 150 Seiten. Paperback
Beck'sche Reihe Band 1460

Friedhelm Moser
Kleine Philosophie für Nichtphilosophen
2. Auflage. 2002. 219 Seiten. Paperback
Beck'sche Reihe Band 1439

Francesca Rigotti
Philosophie in der Küche
Kleine Kritik der kulinarischen Vernunft
Aus dem Italienischen von Barbara Kleiner
2002. 128 Seiten mit 8 Abbildungen. Gebunden

Arthur Schopenhauer
Die Kunst zu beleidigen
Herausgegeben von Franco Volpi
2002. Etwa 110 Seiten. Paperback
Beck'sche Reihe Band 1465

Dieter Thomä
Eltern
Kleine Philosophie einer riskanten Lebensform
Mit einem Nachwort zur Neuauflage
2002. Etwa 220 Seiten. Paperback
Beck'sche Reihe Band 1467

Verlag C.H.Beck München